Der Newsroom in der Unternehmenskommunikation

Christoph Moss (Hrsg.)

Der Newsroom in der Unternehmenskommunikation

Wie sich Themen effizient steuern lassen

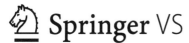

Herausgeber
Christoph Moss
Dortmund, Deutschland

ISBN 978-3-658-10853-3   ISBN 978-3-658-10854-0 (eBook)
DOI 10.1007/978-3-658-10854-0

Die Deutsche Nationalbibliothek verzeichnet diese Publikation in der Deutschen Nationalbibliografie; detaillierte bibliografische Daten sind im Internet über http://dnb.d-nb.de abrufbar.

Springer VS
© Springer Fachmedien Wiesbaden 2016
Das Werk einschließlich aller seiner Teile ist urheberrechtlich geschützt. Jede Verwertung, die nicht ausdrücklich vom Urheberrechtsgesetz zugelassen ist, bedarf der vorherigen Zustimmung des Verlags. Das gilt insbesondere für Vervielfältigungen, Bearbeitungen, Übersetzungen, Mikroverfilmungen und die Einspeicherung und Verarbeitung in elektronischen Systemen.
Die Wiedergabe von Gebrauchsnamen, Handelsnamen, Warenbezeichnungen usw. in diesem Werk berechtigt auch ohne besondere Kennzeichnung nicht zu der Annahme, dass solche Namen im Sinne der Warenzeichen- und Markenschutz-Gesetzgebung als frei zu betrachten wären und daher von jedermann benutzt werden dürften.
Der Verlag, die Autoren und die Herausgeber gehen davon aus, dass die Angaben und Informationen in diesem Werk zum Zeitpunkt der Veröffentlichung vollständig und korrekt sind. Weder der Verlag noch die Autoren oder die Herausgeber übernehmen, ausdrücklich oder implizit, Gewähr für den Inhalt des Werkes, etwaige Fehler oder Äußerungen.

Lektorat: Barbara Emig-Roller, Monika Mülhausen

Springer Fachmedien Wiesbaden ist Teil der Fachverlagsgruppe Springer Science+Business Media
(www.springer.com)

Vorwort

Themen steuern, Informationen gewichten, Nachrichtenflüsse im Blick haben: So stellt man sich die Arbeit im Nervenzentrum eines großen Senders oder einer Nachrichtenagentur vor. In einem Industrieunternehmen aber war ein solcher Anblick lange Zeit undenkbar. Unternehmenskommunikatoren arbeiteten im Einzelbüro statt im Großraum, oder wie es ein Verantwortlicher treffend ausdrückte: „Wir haben in Silos gelebt."

In der jüngsten Vergangenheit weicht dieser Trend auf. Zu groß ist der Druck, den der Medienwandel erzeugt. Die Zahl der Kanäle explodiert förmlich, die Nutzergewohnheiten ändern sich radikal. Ich habe in den vergangenen Jahren selbst in einem journalistischen Newsroom gearbeitet und Newsroom-Projekte aus der Perspektive des Beraters begleiten dürfen. Inzwischen ist das Thema in vielen Unternehmen angekommen, so dass eine Publikation über themenorientierte Steuerung im Newsroom eine starke inhaltliche Rechtfertigung erfährt.

Die Idee zu diesem Buch ist über Jahre gereift. Die Tatsache, dass das Themengebiet noch in weiten Teilen unerforscht ist, erhöht den Reiz, in eine Lücke stoßen zu können. Es verstärkt aber auch das Ausmaß an Komplexität, wenn ein unbeackertes Feld zunächst einer Strukturierung bedarf.

Der Wunsch, ein solches Buch zu schreiben, ist das eine, die operative Umsetzung das andere. Mein Dank gilt allen, die an der Entstehung dieses Bandes mitgewirkt haben. Dazu gehören vor allem die Autorinnen und Autoren, die als Kommunikationsverantwortliche, Forscher und Berater maßgeblich das Phänomen *Newsroom in der Unternehmenskommunikation* beobachten und begleiten: Simon Albers, Josef Arweck, Lara Behrens, Christian Buggisch, Katharina Ellmayer, Peter Kespohl, Tobias Merklinghaus, Dominik Ruisinger, Mona Sadrowski und Niklas Stog. Sie alle haben intensiv diskutiert, gestaltet, abgewogen, recherchiert, geschrieben und dabei ein hohes Maß an Verlässlichkeit und inhaltlicher Tiefe bewiesen.

Danken möchte ich auch meinen Mitarbeiterinnen und Mitarbeitern, die beim Korrekturlesen, bei der Erstellung der Grafiken und der Gesamtkonzeption mitgeholfen haben, insbesondere Hannah-Catharina Esser, Tobias Hertel, Florian Stratmann und Lydia Weitzel Imedio. Herausheben möchte ich dabei die Arbeit von Lara Behrens, die neben ihrer mehrfachen Autorenschaft unermüdlich im Hintergrund die virtuellen Fäden der Buchproduktion zusammengehalten hat.

Die Zusammenarbeit bei diesem Band hat gezeigt, dass Praktiker und Theoretiker den Diskurs schon sehr gut beherrschen. Die Hoffnung ist, dass dieses Buch das Thema *Newsroom in der Unternehmenskommunikation* in der wissenschaftlichen Debatte und in der Praxis vorantreiben kann. Die folgenden Seiten sind aus Gründen der Lesbarkeit in der männlichen Form dargestellt. Dies soll selbstverständlich geschlechtsunabhängig verstanden werden und immer auch die weibliche Schreibweise implizieren.

Christoph Moss   Dortmund im August 2015

Inhalt

Vorwort V

„Einen Newsroom wird es niemals geben." Die Diskussion um
themenorientierte Steuerung in der Unternehmenskommunikation 1
Christoph Moss

I Theoretische Grundlagen

1 Integrierte Kommunikation im Newsroom als Beitrag zum
  Unternehmenswert 7
  Christoph Moss und Niklas Stog

2 Der journalistische Newsroom als Blaupause für die
  Unternehmenskommunikation 19
  Lara Behrens, Christoph Moss und Mona Sadrowski

3 Themenorientierte Steuerung: Das Newsroom-Modell in der
  Unternehmenskommunikation 35
  Christoph Moss

4 Effizienz und Effektivität: Die Säulen des Newsroomkonzepts 59
  Lara Behrens, Christoph Moss und Niklas Stog

5 Die Verbreitung von Newsrooms in der Praxis: Eine empirische
   Untersuchung 91
   Mona Sadrowski

6 Das digitale Schaufenster: Der Social Media Newsroom als
   kommunikativer Hub 109
   Dominik Ruisinger

II Fallbeispiele

7 Fallbeispiel DATEV: Die Einführung eines Newsrooms als
   Changeprojekt 137
   Christian Buggisch

8 Fallbeispiel Deutsche Telekom: Der Newsroom als projektbasierte
   Poolorganisation bei der Abteilung COM 147
   Lara Behrens und Tobias Merklinghaus

9 Fallbeispiel Sanofi Aventis: Einführung eines Newsrooms in die
   Unternehmenskommunikation 163
   Lara Behrens

10 Fallbeispiel Porsche: Ein Social Media Newsroom für Journalisten,
   Blogger und Online-Multiplikatoren 169
   Josef Arweck

Die Autorinnen und Autoren 179

„Einen Newsroom wird es niemals geben."
Die Diskussion um themenorientierte Steuerung in der Unternehmenskommunikation

Christoph Moss

„Einen Newsroom wird es niemals geben." Als dieser Satz fiel, befand sich der Autor dieses Beitrags gerade mitten in der Präsentation zu einem Newsroom-Projekt. Den Vertretern des Unternehmens gefiel der Gedanke nicht, dass es offene Räume, definierte Prozesse, ein Konferenzsystem und vielleicht sogar eine operative Steuerungseinheit in ihrer Kommunikationsabteilung geben könnte: „Auch einen Chef vom Dienst wird es niemals geben", lautete die scheinbar klare Botschaft. Die kontroverse Diskussion zog sich über einen ganzen Tag. Am Abend dann drehte sich der Wind. Der Newsroom wurde beschlossen, entwickelt und nach mehreren Monaten intensiver Planung gebaut. Es war unter dem Strich ein erfolgreiches Projekt, auch wenn der Anfang mehr als holprig war.

Die anfängliche Skepsis ist nachvollziehbar und typisch für Newsroom-Projekte. Auf der einen Seite steht der Wunsch, Themen zu steuern, die Isolation in der eigenen Abteilung zu überwinden und neue, transparente Strukturen zu schaffen. Auf der anderen Seite ist aber auch die Angst vor Veränderung zu erkennen, die einhergeht mit der Sorge um Kontroll- und vielleicht auch Machtverlust. Dieser Konflikt lässt sich nur lösen, wenn alle Beteiligten tatsächlich das neue Konzept mittragen. Ansonsten besteht die Gefahr des hauspolitisch motivierten Kompromisses: Nicht überall wo Newsroom draufsteht, steckt in einem solchen Fall auch Newsroom drin. Nur wer es schafft, mit einer neu strukturierten Einheit für Kommunikation tatsächlich Inhalte und nicht mehr Funktionen in den Mittelpunkt der Organisation zu stellen, wird Kommunikation dauerhaft steuern können.

Lange Zeit schien der Wunsch, einheitliche Botschaften auszusenden und mit einer Stimme zu sprechen, kaum umsetzbar. Betriebswirtschaftliche Effizienz und kommunikative Effektivität standen in einem dauerhaften Konfliktverhältnis zueinander. An dieser Schnittstelle will der vorliegende Band ansetzen. Die Autoren wollen Wege aufzeigen, wie sich Themen in einem Unternehmen effizient steuern lassen, um integrierte Kommunikation zu ermöglichen. Die Beiträge betrachten dabei das Phänomen der Newsroom-Organisation aus verschiedenen Blickwinkeln. Das Buch geht von der These aus, dass integrierte Kommunikation den Unternehmenswert wesentlich steigert. Allerdings, so zeigt der erste Beitrag, wird dies in vielen Unternehmen bisher nur unzureichend umgesetzt. Um den strategischen Wert integrierter Kommunikation künftig zu erschließen, sehen *Niklas Stog* und *Christoph Moss* den *Newsroom in der Unternehmenskommunikation* daher in einer zentralen Rolle. Die Autoren greifen dabei neben wirtschaftswissenschaftlichen Konzepten auch auf Ansätze aus Sozialwissenschaft, Organisationspsychologie und Informationstechnik zurück. Diese interdisziplinäre Herangehensweise führt zu der Einsicht, dass dem Faktor Mensch eine zentrale Rolle bei Newsroom-Projekten zukommt. Die eingangs zitierte Aussage zum Newsroom, den es niemals geben werde, belegt dies sehr gut.

Wissenschaftlich ist das Phänomen des *Newsrooms in der Unternehmenskommunikation* bisher nur unzureichend beleuchtet worden. Daher greift der Herausgeber gemeinsam mit *Lara Behrens* und *Mona Sadrowski* zunächst den aktuellen Forschungsstand zum journalistischen Newsroom auf, dessen Grundkonzept eine wichtige Rolle bei der Entwicklung zum *Newsroom in der Unternehmenskommunikation* spielt. Tatsächlich arbeiten viele Medienhäuser inzwischen mit einem journalistischen Newsroom. Diese Tatsache ist in jüngster Zeit auch in der Forschungsliteratur entsprechend begleitet worden. Gleichwohl ist ein Ende der Entwicklung noch nicht abzusehen: Während Verlage und Sendeanstalten in der Vergangenheit häufig zwischen Online- und Printredaktion unterschieden, setzt nun ein Trend zur Integration beider Disziplinen in einem gemeinsamen Newsroom ein.

Im dritten Beitrag dieses Bandes widmet sich *Christoph Moss* dem *Newsroom in der Unternehmenskommunikation* als Grundlage für themenorientierte Steuerung. Ausgehend von der Frage nach der Sinnhaftigkeit herkömmlicher Strukturen in Kommunikationsabteilungen wird der Newsroom als passende Alternative herausgearbeitet. Dessen Einführung wird zeitlich in drei Phasen unterteilt, die insbesondere den Faktor Mensch in den Mittelpunkt stellen. Während der Vorbereitungs-, Konzept- und Implementierungsphase entsteht das Zielbild einer Aufbauorganisation. Deren zentrales Element ist die organisatorische Trennung von Themen und Kanälen sowie die operative Steuerung durch einen Chef vom Dienst.

Im Rahmen der Ablauforganisation wird ein Konferenzsystem entwickelt, das als zwingende Voraussetzung für funktionierendes Themenmanagement gilt. Der Beitrag zeigt anhand typischer Musterprozesse, auf welchem Weg ein Thema in die richtigen Kanäle gelangt. Dabei wird auch deutlich, dass ein *Newsroom in der Unternehmenskommunikation* deutlich komplexer strukturiert ist als ein journalistischer Newsroom in einem Medienhaus.

Während also die theoretischen Vorteile der themenorientierten Steuerung auf der Hand liegen, muss insbesondere das Top-Management von der Sinnhaftigkeit des Newsroom-Modells überzeugt werden. Damit gerät ein weiteres Schnittstellenthema in den Fokus, das Kommunikatoren in der Vergangenheit tendenziell mit Misstrauen betrachtet haben: die Messung von Effizienz. Da die Einführung eines Newsrooms aber insbesondere die Effizienz in der eigenen Abteilung erhöhen soll, gehen *Lara Behrens, Niklas Stog* und *Christoph Moss* der Frage nach, wie Kommunikationscontrolling zu diesem Ziel beitragen kann. Dabei greifen die Autoren auf Erkenntnisse zur Bewertung von Organisationsstrukturen zurück.

In fünf Schritten beschreiben sie, wie der Aufbau eines ganzheitlichen Controllingansatzes in Unternehmenskommunikation und Marketing aussehen sollte. Voraussetzung dazu sind einheitlich definierte Kennzahlen für den Newsroom. Mit dem *Modell der Newsroomeffizienz* wird dazu ein Ansatz präsentiert, der kommunikative und organisatorische Ziele bei den Messgrößen abdeckt. Es zeigt sich, dass der Newsroom aus der Perspektive des Kommunikationscontrolling zur Erreichung übergeordneter Ziele beitragen kann.

Tatsächlich steht ein großer Teil der Kommunikationsabteilungen in deutschen Unternehmen vor einem organisatorischen Umbruch. *Mona Sadrowski* hat für ihren Beitrag 74 Abteilungen befragt, um herauszufinden, wie das Newsroom-Konzept derzeit Anwendung findet. Die Autorin schließt damit eine Forschungslücke. Sie stellt fest, dass in 16 der untersuchten Kommunikationsabteilungen bereits ein Newsroom eingeführt wurde. Allerdings sind in der Realität die Ausprägungen der Newsroom-Integration sehr unterschiedlich.

Dies zeigt sich insbesondere im Beitrag von *Dominik Ruisinger,* der Konzeption, Struktur und Merkmale eines digitalen Social Media Newsrooms beleuchtet. Auch hier wird deutlich, dass in der Praxis divergierende Ansätze zu diesem Phänomen existieren. Der Social Media Newsroom wird zum zentralen Zugang zur kollaborativen Welt der Blogs, der Sozialen Netzwerke und der Sharing Plattformen. Er ist also weit mehr als eine Oberfläche zur Publikation von Pressemitteilungen. Der Social Media Newsroom ist Hub und mediales Schaufenster einer Organisation, das Journalisten wie Interessenten einen schnellen Überblick über alle Aktivitäten liefert. Damit aggregiert der Newsroom automatisch die Inhalte aus den Social-Media-Kanälen zentral auf einer einzigen Oberfläche, während die Diskussionen und Dialoge weiterhin innerhalb der einzelnen Plattformen stattfinden. Der Autor geht davon aus, dass die Diskussion über die künftige Rolle eines Social Media Managers und die integrative Einbindung von sozialen Medien auch den Social Media Newsroom betreffen wird. Es sei davon auszugehen, dass wir in Zukunft von einem Digital Newsroom sprechen werden, der Publikationen der eigenen Webseite einbezieht. Dieser Digital Newsroom würde dann das Schaufenster der gesamten

Online- beziehungsweise digitalen Aktivitäten einer Organisation bilden, auch als Ergänzung zum klassischen Newsroom als redaktionelle Nachrichtenzentrale.

Fallbeispiele

Der vorliegende Band verfolgt das Konzept, theoretische Erkenntnisse mit praktischen Erfahrungen zu verknüpfen. Daher werden im zweiten Teil des Buches verschiedene Fallbeispiele präsentiert, die konkrete Umsetzungen von Newsrooms in den Unternehmen beschreiben. So zeigt *Christian Buggisch* in seinem Beitrag, dass die Einführung eines Newsrooms vor allem ein Changeprojekt darstellt. Der Leiter der Abteilung Corporate Publishing bei der *DATEV eG*, wollte mit der Einführung eines Newsrooms eine Struktur schaffen, die aktuelle Probleme löst, aber auch die zukünftige Integration weiterer Themen und Medien ermöglicht. Seine Erkenntnis: Die Mitarbeiter müssen von Anfang an in den Prozess der Newsroom-Einführung einbezogen werden.

Besonders anspruchsvoll gestaltete sich die Umgestaltung der Kommunikationsstrukturen bei der *Deutschen Telekom AG*. *Lara Behrens* und *Tobias Merklinghaus* beschreiben, wie das Unternehmen sein Ziel umgesetzt hat, die Arbeit in der Konzernzentrale effektiver und effizienter zu gestalten. Dazu sollte die Zentrale zu einer schlanken Steuerungseinheit mit reduzierten Führungsebenen umgebaut werden. Heute hat die *Deutsche Telekom* das Prinzip einer projektbasierten Poolorganisation etabliert und damit ein wesentliches Prinzip umgesetzt: die Trennung von Themen und Kanälen.

Sanofi Deutschland startete 2014 mit der Reorganisation der Abteilung Kommunikation. Hierzu wurden interne und externe Kommunikation zusammengelegt. *Lara Behrens* zeigt in diesem Fallbeispiel, wie wichtig es auch bei diesem Newsroom-Projekt war, zunächst den Austausch der Kollegen untereinander zu verbessern und Transparenz hinsichtlich der zu bearbeitenden Themen und Projekte herzustellen. In einem nächsten Schritt werden die Berater gemeinsam mit der Kommunikationsabteilung ein Effizienzsystem entwickeln, mit dem Ziel Messgrößen zu definieren.

Das Fallbeispiel *Porsche* schließlich demonstriert, wie ein Unternehmen einen Social Media Newsroom in der Praxis umgesetzt hat. Josef Arweck, weltweiter Kommunikationschef der *Porsche AG*, zeigt das Konzept, den Entstehungsprozess und die Perspektive des *Porsche Newsrooms*. Seine Erkenntnis: Mit dem *Porsche Newsroom* erhalten Journalisten und Blogger Informationen schneller, können sie auf unterschiedlichen Kanälen verarbeiten und schaffen somit eine effiziente und medienübergreifende Berichtserstattung. Aber auch die breite Öffentlichkeit hat Zugriff, so dass jeder Nutzer zum Multiplikator werden kann. Auf diese Weise wird themenorientierte Steuerung – ganz im Sinne des vorliegenden Buches – schon heute digital bei *Porsche* umgesetzt.

I
Theoretische Grundlagen

1 Integrierte Kommunikation im Newsroom als Beitrag zum Unternehmenswert

Christoph Moss und Niklas Stog

Wer erfolgreich Marketing und Kommunikation betreiben will, muss Themen steuern können. Tatsächlich aber sind viele Unternehmen in klassischen Strukturen verhaftet. Akkurat ausgearbeitete Organigramme dokumentieren tarifliche Eingruppierungen und Hierarchiestufen. Die Frage, ob Mitarbeiter in einem Einzel- oder Zweierbüro arbeiten, kann dabei wichtiger sein als inhaltliche Notwendigkeiten oder aktuelle Themen. In solch festgefahrenen Strukturen ist das Tagesgeschäft häufig geprägt von Dauerkonflikten um Zuständigkeiten und Budgets. Der Wunsch, einheitliche Botschaften auszusenden und mit einer Stimme zu sprechen, erscheint in einem solchen Klima kaum umsetzbar (Moss 2014).

1.1 Die Notwendigkeit, Themen zu steuern

Die Silos verlassen, hinein in offene, kommunikative Strukturen: Moderne Newsroom-Konzeptionen können helfen, die Barrieren einzureißen zwischen Kommunikation und Marketing, zwischen internen und externen Zielgruppen oder zwischen Produkt-PR und Media Relations. Tatsächlich gelingt es bis heute nur den wenigsten Unternehmen, Kommunikation und Themen wirklich zu steuern. Dies kann auf Dauer gefährlich werden, denn gerade börsennotierte Großkonzerne müssen ihr Handeln zunehmend vor kritischen, mediengeübten Anspruchsgruppen rechtfertigen. Die *Deutsche Bank* hat dies auf der eigenen Hauptversammlung erlebt. Jahrelang mussten sich Top-Manager des größten deutschen Kreditinstituts vor Gericht verantworten, regelmäßig begleitet von intensiven Diskussionen in der medialen Öffentlichkeit. Im Mai 2015 straften die Aktionäre den Vorstand für ihr Handeln ab. Die beiden Vorstandsvorsitzenden Anshu Jain und Jürgen Fitschen wurden zwar entlastet, erhielten aber nur 61 Prozent der Stimmen – ein Ergebnis, das allgemein als „vernichtend" (Meck 2015) eingestuft wurde. Wenige Wochen später gaben beide ihren Rücktritt bekannt (tagesschau.de 2015).

Kunden, Anleger oder Umweltaktivisten können jederzeit Meinungen und Fakten an eine Vielzahl von Empfängern senden (Moss & Stog 2009). Unternehmenskommunikation und Marketing sind nicht länger nur Sender von Botschaften sondern auch Empfänger von Kundenanfragen, Kommentaren und Bewertungen. Längst haben die Unternehmen erkannt, dass Monitoring notwendig ist, um alle verfügbaren Kanäle sinnvoll auf mögliche Impulse von außen zu beobachten. Dieses Erfordernis setzt aber theoretisch einen 24-Stunden-Betrieb einschließlich Wochenendarbeit voraus – ein Grauen für mitbestimmte Konzerne mit strengen Arbeitszeitregeln. Und ein Alptraum für viele Mittelständler, die ohnehin nur schwer vom Erfordernis professioneller Kommunikation zu überzeugen sind.

Die Rolle von „Kommunikation als Werttreiber und Erfolgsfaktor" (Piwinger & Zerfaß 2007: 1) ist in der betriebswirtschaftlichen und kommunikationswissenschaftlichen Fachliteratur unbestritten. Zahlreiche Studien belegen den positiven Einfluss von ganzheitlicher Kommunikation auf den Unternehmenswert (Moss & Stog 2009). Auch die rechtlichen Rahmenbedingungen belegen die wachsende Bedeutung *integrierter Kommunikation* für den Unternehmenserfolg (Moss & Stog 2009). So können Unternehmen unter Rückgriff auf die internationalen Bilanzierungsstandards IFRS immaterielle Vermögenswerte aktivieren – eine Tatsache, die bei der Suche nach Kapitalquellen von entscheidender Bedeutung sein kann. Zu diesen immateriellen Werten zählen Markenwert, Kundenzufriedenheit und Unternehmensreputation, deren Wert in hohem Maße von Kommunikation abhängt.

Schlagworte wie *Content Marketing* oder *Storytelling* zeigen dabei deutlich, dass die Fähigkeit, eigene Themen zu setzen, in den Mittelpunkt der täglichen Kommunikationsarbeit gerückt ist – oder besser rücken sollte. Manch einer wie der Blogger Klaus Eck (2015) geht gar davon aus, dass es künftig keine klassische Werbung mehr geben wird. Was zählt ist der Inhalt, also Content. Die Plattform *Outbrain* definiert Content als „Artikel, Video, Slideshow, Infografik oder Earned Media, das dem Leser einen informativen und/oder unterhaltenden Wert vermittelt, ohne sich dabei inhaltlich zu sehr auf ein Produkt oder einen Service zu beziehen. Wir akzeptieren keine Werbung, Infomercials, Anzeigentexte oder Eigenwerbung" (2015). Zwischen Werbung und Content besteht also ein fundamentaler Unterschied, schreibt Eck: „Es ist nicht alles Content, selbst wenn ein Text oder Video als solcher tituliert wird" (2015). „Gut gemachte Werbung ist kein (redaktioneller) Content und wird es auch niemals sein" (Eck 2015). Rund drei Viertel der Nutzer schenken demnach redaktionellen Unternehmensinhalten ihr Vertrauen, solange der Inhalt nicht werblich ist.

Handwerklich gut aufbereitete Beiträge müssen dramaturgisch sauber inszeniert und produziert werden. Dies setzt eine klare Ausrichtung der Unternehmenskommunikation auf Themen voraus. Diese Art von *integrierter Kommunikation* wird seit Jahren diskutiert. In der Praxis scheitert ihre Umsetzung an vielen Punkten – vor allem, weil Unternehmen die Rolle von Kommunikation als Wertschöpfungsfaktor noch immer überwiegend vernachlässigen. So zeigt eine Umfrage von *Forrester Research* unter 500 internationalen Marketing- und Kommunikationsverantwortlichen, dass weniger als die Hälfte der Befragten es für wichtig erachtet, den Beitrag ihrer Arbeit zum Unternehmensergebnis messbar zu machen. Diese Einstellung führt dazu, dass nur ein Bruchteil von Kommunikationsverantwortlichen strategisch relevante Positionen in Unternehmen einnimmt – die große Mehrheit von Unternehmensvorständen rekrutiert sich weiterhin aus den Bereichen Finanzen, Forschung und Entwicklung oder Produktion (ITSMA,VEM & Forrester 2013). Die theoretisch entscheidende, weil marktorientierte Funktion Marketing und Kommunikation bleibt derweil unterrepräsentiert, was die Bedeutung des Themas integrierte Kommunikation in Unternehmen nachhaltig schwächt.

1.2 Digitalisierung: Segen oder Fluch für integrierte Kommunikation?

Die Paradoxie zwischen hohem theoretischen Anspruch und unzureichender praktischer Relevanz verschärft sich in Zeiten des digitalen Medienwandels. Die Digitalisierung beschleunigt die Konvergenz unterschiedlicher Kanäle und begünstigt somit ein Zusammenwachsen von kommunikativen Teildisziplinen. War in der klassischen Medienwelt eine strikte Trennung von der Entwicklung werblicher Inhalte, PR-Botschaften und Mediaplanung die Regel, erfordert das Aufstreben von digitalen Kanälen wie Social Media eine viel stärkere Integration. Unternehmen sind nicht mehr ausschließlich auf klassische Gatekeeper aus Journalismus und Media-Vermarktung angewiesen, sondern in der Lage, *direkt* mit Endkonsumenten zu kommunizieren. Die dabei versendeten Inhalte müssen die unternehmerische Zielerfüllung unterstützen und zugleich Nachrichtenwertkriterien aus der PR erfüllen, um unter Nutzern Aufmerksamkeit und Akzeptanz zu generieren.

Dabei ist eine enge Abstimmung der Kommunikationsabteilung mit den Verantwortlichen aus der klassischen Werbung unverzichtbar. Durch die Verkürzung von Kommunikationszyklen und dem wachsenden Potenzial, das Live-Ereignisse für die Kommunikation von Marken und Unternehmen erlangen, rückt neben der Verzahnung von PR und Werbung zudem die Einbindung der Mediaplanungsabteilung noch weiter in den Vordergrund, um kurzfristig konzipierte Inhalte in Kürze an eine größtmögliche Zielgruppe zu distribuieren. Nicht zuletzt eröffnet außerdem die Nutzung digitaler Kanäle eine deutlich bessere Messbarkeit des Kommunikationserfolgs. Instrumente wie Web Analytics, CRM oder Social Media Monitoring ermöglichen eine unvermittelte und schnelle Bewertung kommunikativer Maßnahmen, was die Schaffung von unternehmerischer Relevanz für die Disziplinen begünstigt.

Die theoretische Überlegung, dass der Siegeszug digitaler Medien das Zusammenwachsen von Kommunikationsdisziplinen beschleunigt und zugleich die unternehmerische Bedeutung von Marketing und Unternehmenskommunikation stärkt, bleibt in der Praxis bislang unbestätigt. Teiluntersuchungen unterstreichen gar eine gegenteilige Entwicklung. So zeigt eine von der Agentur *Ebiquity* (2014) durchgeführte Untersuchung in der deutschen Telekommunikations-, Finanz- und Konsumgüterbranche, dass Konsistenz in Botschaften und Tonalität auch bei führenden Marken wie *Nivea*, *Vodafone* oder der *Deutschen Bank* einem Medienbruch unterliegen. Die kanalspezifischen Eigenheiten von Social Media, TV, Print und PR und die zunehmende Fragmentierung dieser Disziplinen machen eine enge Abstimmung komplexer und führen im schlimmsten Fall dazu, dass die vom Unternehmen kommunizierten Inhalte an Wiedererkennung verlieren und die Gesamtreputation der Marke geschwächt wird.

Ursache dieses hohen Fragmentierungsgrads sind nicht zuletzt die von Unternehmen beauftragten Kommunikations-, Werbe- und Mediaagenturen. So kommt eine Befragung des amerikanischen Beratungsunternehmens *Avidan Strategies* aus 2014 zu dem Ergebnis, dass nur 16 Prozent der befragten Marketingleiter (Chief Marketing Officers) zufrieden mit der Beratung ihrer Agenturen im Themenfeld *integrierte Kommunikation* sind (Avidan Strategies 2014). Dabei spielen aus Sicht der Befragten vor allem Einzelinteressen eine maßgebliche Rolle: Knapp 60 Prozent sind der Meinung, dass die von ihnen beauftragten Agenturen strategische Empfehlungen an ein bestimmtes Medium knüpfen, mit dem sie entweder große Erfahrungswerte oder konkrete wirtschaftliche Interessen verbinden. Das gilt zum Beispiel für klassische Mediaagenturen, die mit dem Einsatz von Kanälen wie TV besonders hohe Margen erzielen oder für Social-Media-Berater, die die Besonderheiten und Vorzüge der von ihnen betreuten Plattformen übertrieben hervorheben, um ihr Spezialistenwissen und die damit verbundenen Honorare zu rechtfertigen.

Auch Unternehmensvertreter selbst sehen sich nur bedingt in der Lage, den durch den Medienwandel entstandenen Herausforderungen für integrierte Kommunikation begegnen zu können. Diese Herausforderungen bestehen einer Studie des Deutschen Marketing Verbands (2014) zufolge unter 800 deutschen Marketingentscheidern vor allem in der Orchestrierung verschiedener Kommunikationskanäle

(79 Prozent), der Nutzung von Big Data (75 Prozent) sowie in der zunehmenden Geschwindigkeit, die der digitale Wandel von Marken und Unternehmen verlangt (73 Prozent). Weniger als ein Viertel (23 Prozent) der Befragten ist der Meinung, dass ihre Organisation heute dazu in der Lage ist, diese Herausforderungen meistern zu können. Dieser Graben existiert derweil nicht nur in der Marketingabteilung, sondern ist in ähnlicher Form in der Unternehmenskommunikation vorzufinden. So kommt eine Erhebung der FH Mainz zu dem Ergebnis, dass einzig eine von den Autoren als „Kommunikationselite" (Rolke & Forthmann 2014) bezeichnete Gruppe in Unternehmen die Fähigkeit besitzt, die Bereiche Unternehmenskommunikation, Marketing und Unternehmensstrategie zufriedenstellend miteinander zu verknüpfen. Der Befragung zufolge beträgt der Anteil dieser Gruppe unter Fach- und Führungskräften weniger als 30 Prozent.

1.3 Das Newsroom-Prinzip zur Überwindung versteckter Barrieren

Der beschriebene Graben zwischen Anspruch und Wirklichkeit führt zu der naheliegenden Frage, warum die erfolgreiche Umsetzung integrierter Kommunikation noch immer die Ausnahme in Unternehmen ist und was zur Überwindung dieses Grabens getan werden kann. Um den strategischen Wert *integrierter Kommunikation* zu erschließen, kommt dem *Newsroom in der Unternehmenskommunikation* eine zentrale Bedeutung zu. Mit dieser Organisationsform könnten Unternehmen eine Reihe von Hindernissen beseitigen, die einer stärkeren Bündelung kommunikativer Disziplinen derzeit im Wege stehen.

Dabei löst sich die nachfolgende Betrachtung zumindest teilweise von wirtschaftswissenschaftlichen Theorien und bezieht verstärkt Ansätze aus der Sozialwissenschaft, Organisationspsychologie und Informationstechnik in die Diskussion ein. Dieser interdisziplinäre Blick verfolgt vor allem das Ziel, weniger greifbare Einflussfaktoren wie machtpolitische Interessen, implizit gewachsene Organisationsstrukturen und die Rolle von Technologie zu durchleuchten und so versteckte Barrieren für eine stärkere Verschmelzung von kommunikativen Teildisziplinen aufzudecken.

Die mangelnde Verzahnung unterschiedlicher Kommunikationsdisziplinen – allen voran PR, Werbung, Mediaplanung und Vertrieb – ist eines der größten Hindernisse für erfolgreiche *integrierte Kommunikation* und die daraus resultierende Steigerung des Unternehmenswerts. Dieses Problem nimmt durch den digitalen Medienwandel zu, da sich in jedem der erwähnten Teilbereiche weitere

Subdisziplinen bilden, die die Abstimmung untereinander erschweren. So ist in vielen Unternehmen eine Trennung zwischen Unternehmens- und Marken-PR, Offline- und Digital-Kommunikation sowie Marken- und Kampagnensteuerung an der Tagesordnung. Hinzu kommen Sonderabteilungen für neu entstandene Teildisziplinen wie Direktmarketing, Social Media oder CRM.

Um diese interne Zersplitterung zu adressieren und Ansätze zu ihrer Überwindung aufzuzeigen, ist ein Blick auf die wissenschaftliche Diskussion zur internen Koordination verschiedener Abteilungen und Teildisziplinen erforderlich – insbesondere im Kontext des technologischen Wandels und der dadurch auf den Weg gebrachten unternehmerischen Veränderungsprozesse. Die unten gemachten Ausführungen argumentieren zumindest teilweise gegen das von McAffee 2006 eingeführte *Enterprise 2.0* Paradigma, das digitale Kommunikationsplattformen wie Wikis, Blogs und soziale Netzwerke als Katalysatoren der abteilungsübergreifenden Zusammenarbeit deklariert (McAffee 2006). Dabei sollen auf den folgenden Seiten nicht die unbestreitbaren Vorteile dieser Plattformen oder die tonangebende Bedeutung von Technologie für unternehmerischen Wandel infrage gestellt werden. Der Einsatz und die Bewertung neuer Technologien erfordert jedoch eine ganzheitlichere Betrachtung der Organisation, die die implizit gewachsenen Unterschiede in inhaltlichem Verständnis und individuellen Interessen zwischen Abteilungen miteinbezieht. Ohne diese Vorüberlegungen können neue Technologien oder Modelle wie der Newsroom nicht ihre eigentliche Wirkung entfalten, da die durch sie angestoßenen Veränderungsprozesse auf harten Widerstand in der organisationalen Wirklichkeit stoßen können und den Erfolg ihrer Einführung maßgeblich gefährden.

1.4 Das Spannungsfeld zwischen Differenzierung und Integration

Technisch-betriebswirtschaftlich erfordert die verbesserte Abstimmung zwischen Abteilungen wie Marketing und PR in erster Linie die Einführung einer gemeinsamen Sprache oder anders ausgedrückt eines einheitlichen Zeichensystems. Die wissenschaftliche Diskussion hierzu geht bis in die 1950er Jahre zurück und ist eng mit der Entstehung moderner Informationstechnologien verknüpft. In diesem Zeitraum erzeugten vor allem die *Mathematische Theorie der Kommunikation* von Shannon (1948) und Weaver (1949) oder die damit verknüpfte *Lasswell-Formel* (1946) hohe Aufmerksamkeit. Beide definieren Information als neutrales Signal, das elektrisch umgewandelt und zwischen Sender und Empfänger übermittelt werden kann. Daran anknüpfend bezeichneten Lawrence und Lorsch in ihrer 1967 entwickelten *Kontingenztheorie* die Entwicklung einer gemeinsamen elektronischen Syntax als wichtigsten Erfolgsfaktor zur effizienteren und effektiveren Abstimmung verschiedener Fachbereiche. Ihr Ansatz wurde vor allem im Umfeld der chemischen Industrie entwickelt, die in den 1960er Jahren rasanten Veränderungen in Forschung, Produktentwicklung und Produktion unterlag. Die Erkenntnisse ihrer Untersuchungen decken sich mit den Beobachtungen im heutigen Kontext von Marketing und Unternehmenskommunikation: Die Weiterentwicklung und Ausdifferenzierung von Technologie und Wettbewerb erfordern eine zunehmende Spezialisierung. Diese Spezialisierung erschwert wiederum die Koordination der unternehmerischen Teilbereiche untereinander. In diesem Spannungsfeld zwischen Differenzierung und Integration spielen gemeinsame Zielsysteme, Kennzahlen und IT eine entscheidende Rolle.

Die Einführung gemeinsamer *Zeichensysteme*, seien dies Kennzahlen, inhaltliche Leitlinien oder IT-Systeme, greift allein jedoch zu kurz, um die Arbeit von Kommunikationsdisziplinen enger zu verzahnen. Ein naheliegender Grund hierfür ist die zumeist fehlende Unterscheidung von implizitem und explizitem Wissen (Polanyi 1966) oder von Information und Know-how. Ein Großteil der in Marketing- und Kommunikationsabteilungen vorhandenen Fähigkeiten und Wettbewerbsvorteile kann nicht objektiviert und kodifiziert werden, um sie im Anschluss abteilungsübergreifend zu nutzen. Kogut und Zander (1992) weisen in diesem Kontext erstmalig darauf hin, dass die Standardisierung von Wissen zwar die interne Koordination erleichtert, zugleich jedoch die Innovationskraft schwächen kann und das eigene Geschäftsmodell imitierbarer macht. Hinzu kommt, dass interner Wissensaustausch immer im sozialen Kontext der Organisation betrachtet werden muss, der maßgeblich von Einzelpersonen und persönlicher Interaktion geprägt wird.

Aus diesem Blickwinkel verarbeiten Abteilungen und Angestellte Informationen nicht bloß entlang einer linearen Input-Output-Logik (Lawrence & Lorsch 1969). Vielmehr treten sie als Akteure in Erscheinung, die die unternehmerische Wirklichkeit prägen, anstatt passive Glieder in der Wertschöpfungskette zu sein. Diese Annahme kann im Kontext von Marketing- und Unternehmenskommunikation als besonders zutreffend bezeichnet werden, da die hier verhandelten Themen von vornherein weit weniger eindeutig definiert sind als in ursprünglich quantitativ orientierten Disziplinen wie Produktion oder Controlling.

Aufbauend auf diesen Annahmen haben eine Reihe von Studien den Zusammenhang zwischen subjektiver Wahrnehmung und unternehmerischer Wirklichkeit untersucht. So prägte Dougherty 1992 erstmals den Begriff von „departmental thought worlds" (Dougherty 1992: 179), frei übersetzt „abteilungsbezogenen

Gedankenwelten", die ein wichtiges Hindernis in der abteilungsübergreifenden Zusammenarbeit darstellen. Dougherty konnte zeigen, dass auch bei der gemeinsamen Fokussierung auf scheinbar identische Begriffe wie *Marktorientierung* die Interpretation dieser Begriffe abteilungsübergreifend abweichen kann.

Dieser interpretative Ansatz *(Knowledge-based view of the firm)* kann dabei helfen, implizite Wissens- und Einstellungsunterschiede in unterschiedlichen Abteilungen offenzulegen. Gleichzeitig vernachlässigt er das Konfliktpotenzial, das diese Offenlegung hervorrufen kann. Die Ignorierung der Themen Politik und Macht ist dabei besonders problematisch. Marktorientierte Unternehmensfunktionen wie Kommunikation, Marketing und Vertrieb stehen im direkten Wettbewerb um interne Budgets und Verantwortlichkeiten, mit denen auch der berufliche Werdegang von Einzelpersonen verknüpft ist. Diese Konkurrenzsituation wird durch neue Kanäle wie e-CRM und Social Media verschärft, da sie inhaltliche Bezugspunkte zu einer Vielzahl von Fachabteilungen aufweisen und aktuell ein besonders hohes Potenzial zur internen politischen Positionierung besitzen.

1.5 Der Faktor Macht als zentrales Hindernis

Um die unternehmensinternen Hindernisse integrierter Kommunikation vollständig offenzulegen, ist die Einbeziehung des Faktors *Macht* unausweichlich. Einer der prominentesten Versuche in diesem Kontext stammt von Carlile, der in seinem Aufsatz „Pragmatic View of Knowledge and Boundaries" (Carlile 2002: 442) die Rolle von abteilungsspezifischen Interessen und Politik in der interdisziplinären Zusammenarbeit analysiert. Dabei bedient er sich Bourdieus Theorie von Habitus und symbolischem Kapital und nimmt an, dass Fachabteilungen durch die erfolgreiche Ausübung ihrer Arbeit über Zeit symbolische und materielle Ressourcen aufbauen. Im Falle der bereichsübergreifenden Zusammenarbeit werden diese Ressourcen aufs Spiel gesetzt (Carlile 2002: 446), da implizites Wissen geteilt und modifiziert werden muss, um gemeinsame Aufgaben zu erfüllen. In der Konsequenz kann die abteilungsübergreifende Zusammenarbeit nicht nur Probleme der inhaltlichen Verständigung (Shannon 1948) oder Interpretation (Nonake 1994) erzeugen, sondern durch zueinander in Konflikt stehende Interessen verhindert werden.

Die wohl differenzierteste und realistischste Konzeptionalisierung von Wissen und Macht stammt vom französischen Philosophen und Historiker Michel Foucault (1979, 1982). Foucault definiert Macht nicht als Instrument einseitiger Dominanz, sondern als produktiven Bestandteil menschlicher Beziehungen, der unausweichlich mit der Generierung von Wissen verknüpft ist. Foucaults Kernaussage ist, dass objektives Wissen de facto nicht existiert, sondern immer von individuellen Machtinteressen und -konflikten geprägt ist. Wissen und Macht stehen dabei in ständiger Wechselwirkung zueinander und müssen bei der Einführung organisationaler Strukturen, Prozesse und Technologien immer im Voraus miteinbezogen werden.

Obwohl ihre theoretischen Ansätze signifikante Unterschiede aufweisen, messen Carlile und Foucault jeweils sogenannten *Artefakten* eine hohe Bedeutung zu, um das Zusammentreffen von Wissen und Macht zu veranschaulichen und aufzulösen. Foucault legt dabei den Fokus auf architektonische Artefakte und definiert den sozialen Raum als „strukturiert durch Macht und durchdrungen durch Wissen" (Besley & Peters 2007: 79). Carlile, dessen Arbeit im Gegensatz zu Foucault im Unternehmenskontext angesiedelt ist, betrachtet in den von ihm untersuchten Firmen vor allem Zeichnungen, Karten und technische Geräte als Instrumente zur Auflösung von Macht- und Interessenkonflikten. Durch solche Artefakte äußern und verhandeln Fachbereiche individuelle Interessen, um geteiltes Wissen in kollektives Handeln umzuwandeln (Star 1989; Bechky 2003). Nach Carlile ist die Materialisierung von Einzelinteressen deshalb entscheidend für die Verbesserung des abteilungsübergreifenden Austauschs.

1.6 Ausblick:
Die Einführung eines Newsrooms als Changeprojekt

Die Interessen von Abteilungen und Einzelpersonen erzeugen unternehmerische Realitäten, die der erfolgreichen Integration von Unternehmenskommunikation und Marketing entgegenwirken. Die Einführung eines Newsrooms nährt die Hoffnung, dass Machtpolitik, organisch gewachsene Strukturen, die Herausforderung der Digitalisierung und das Spannungsfeld zwischen Differenzierung und Integration aufgelöst werden können.

In diesem Lichte wird aber auch deutlich, warum die Organisation einer Kommunikationsabteilung nach dem Newsroomprinzip ein durchaus heikles Unterfangen sein kann. Die Änderung von Kommunikationsstrukturen, Machtverhältnissen, architektonischen Zuschnitten, Arbeitszeiten oder Inhalten ist ein tiefgreifender Veränderungsprozess. Ein solcher Schritt kann für den einzelnen Arbeitnehmer ähnlich wahrgenommen werden wie typische Restrukturierungsvorgänge bei Fusionen oder Übernahmen von Unternehmen. In solchen Fällen zeigen die Betroffenen typische Emotionen wie Angst und Unsicherheit.

Aus diesem Grunde muss die Einführung eines Newsrooms im Unternehmen als Changeprojekt identifiziert werden. Wenn sich Unternehmen zu einem solchen Schritt entschließen, ändern sich Einfluss- und Machtstrukturen. Die Neuorganisation in einem Newsroom bedeutet also einen gravierenden Eingriff in die Organisationsstrukturen der Marketing- und Kommunikationsabteilungen. Entsprechend professionell muss dieser Schritt vorbereitet und umgesetzt werden.

Literatur

Avidan Strategies (2014). What CMOs Are Saying About The Future Of Their Relationships With Agencies. Verfügbar unter http://www.forbes.com/sites/avidan/2014/09/29/what-cmos-are-saying-about-the-future-of-their-relationships-with-agencies/, abgerufen am 29.12.2014.

Besley, T.; Peters, M.A. (2007) Subjectivity and Truth: Foucault, Education, and the Culture of Self. New York: Peter Lang.

Bechky, B.A. (2003). Object Lessons: Workplace Artifacts as Representations of Occupational Jurisdiction. American Journal of Sociology, 109(3), S. 720-752.

Carlile, P.R. (2002). A Pragmatic View of Knowledge and Boundaries: Boundary Objects in New Product Development. Organization Science, 13(4): S. 442-455.

Deutscher Marketing Verband (2014). Marketingorganisation der Zukunft. Deutscher Marketing Verband. Verfügbar unter http://www.marketingverband.de/der-dmv/studien/marketingorganisation-der-zukunft/#c1039, abgerufen am: 15.02.2015.

Dougherty, D. (1992). Interpretive Barriers to Successful Product Innovation in Large Firms. Organization Science, 3(2), S.: 179-202

Ebiquity (2014). Integrierte Kampagnen: Fallbeispiele und Erfolgsfaktoren. Ebiquity. Verfügbar unter http://www.ebiquity.com/media/186030/ebiquity-germany-case-study-integrierte-kampagnen.pdf, abgerufen am: 15.02.2015.

Eck, Klaus (2015): Content-Werbung braucht niemand. Verfügbar unter http://pr-blogger.de/2015/05/13/content-werbung-braucht-niemand/, abgerufen am 23.05.2015.

Foucault, M. (1979). Power and Strategies: An interview with Michel Foucault conducted by the Révoltes Logiques collective. In Morris, M. and Patton, P. (Hrsg.) Michel Foucault: Power, Truth, Strategy (S. 49-58). Sydney: Feral Publications.

Foucault, M. (1982). The Subject and Power. In Foucault, M.: Power – Essential works of Foucault 1954-1984 (S. 326-348). New York: Penguin Books.

ITSMA, VEM & Forrester (2013). Increasing Marketing's Relevance for the Business: 2013 ITSMA/VEM/Forrester Marketing Performance Management Survey. Von ITSMA: http://www.itsma.com/research/increasing-marketings-relevance-to-the-business/, abgerufen am: 15.02.2015.

Kogut, B; Zander, U (1992). Knowledge of the Firm, Combinative Capabilities, and the Replication of Technology. Organization Science, 3(3): S. 383-397.

Lasswell, H.D. et al. (1946). Propaganda, Communication and Public Opinion: A Comprehensive Reference Guide. Princeton: Princeton University Press.

Lawrence, P. R., and Lorsch, J.W. (1967). Differentiation and Integration in Complex Organizations. Administrative Science Quarterly 12(1), S. 1-30.

McAffee, A. (2006). Enterprise 2.0: The Dawn of Emergent Collaboration. Sloan Management Review, 47(3), S. 21-28.
Meck, G. (2015). Deutsche Bank. Zwei gegen alle. Verfügbar unter http://www. faz.net/ aktuell/wirtschaft/unternehmen/deutsche-bank-zwei-gegen-alle-13608836.html, abgerufen am 23.05.2015.
Moss, C. (2014). Schluss mit den Silos, in: Absatzwirtschaft (1- 2) S. 9.
Moss, C.; Stog, N. (2009). Lieber gemeinsam statt einsam, in: Absatzwirtschaft (9) S. 38 - 40.
Nonaka, I. (1994). A Dynamic Theory of Organizational Knowledge Creation. Organization Science, 5(1), S. 14-37
Outbrain (2015). Vertrauen und Authentizität. Unsere Content-Richtlinien. Verfügbar unter http://www.outbrain.de/amplify/guidelines abgerufen am 23.05.2015.
Piwinger, M., Zerfaß, A. (2007). Kommunikation als Werttreiber und Erfolgsfaktor. In Piwinger, M., Zerfaß, A. (Hrsg.), Handbuch Unternehmenskommunikation (S. 5-16). Wiesbaden: GWV Fachverlage.
Polanyi, M. (1966). The Tacit Dimension. Anchor Day Books, New York.
Rolke, L., Forthmann, J. (2014). Exzellenz in der Unternehmenskommunikation Was die Kommunikationselite von den PR-Basisexperten unterscheidet. Mainz: FH Mainz / Faktenkontor.
Shannon, E.S. (1948). A Mathematical Theory of Communication. The Bell System Technical Journal (27), S. 623-656.
Star, S. L. 1989. The structure of ill-structured solutions: Boundary objects and heterogeneous distributed problem solving,. In Huhns, M. and Gasser, L. (Hrsg.) Readings in Distributed Artificial Intelligence, (S. 37-54). Menlo Park: Morgan Kaufman.
Tagesschau.de (2015). Fitschen und Jain gehen - Cryan kommt. Verfügbar unter https:// www.tagesschau.de/wirtschaft/fitschen-jain-103.html, abgerufen am 14.06.2015.
Weaver, W. (1949). Recent Contributions to the Mathematical Theory of Communication. In Shannon, E.S. and Weaver, W. (eds.) The Mathematical Theory of Communication (S.3-91). Urbana: University of Illinois Press.

Der journalistische Newsroom als Blaupause für die Unternehmenskommunikation

2

Lara Behrens, Christoph Moss und Mona Sadrowski

Der Newsroom stellt für die Unternehmenskommunikation noch ein sehr junges Untersuchungsobjekt dar. In der Forschung liegen bisher noch keine theoretischen oder empirischen Untersuchungen jenes Konzepts vor (Sadrowski 2015).[1] Lediglich vereinzelt wird der Newsroom als Organisationsform für die Unternehmenskommunikation in wissenschaftlichen Publikationen erwähnt. So beispielsweise bei Zerfaß (2014), der den Newsroom als „integrierte Medienredaktion" (ebd.: 59) bezeichnet. Diese kann dank „regelmäßiger Abstimmungsroutinen alle Kommunikationskanäle effizient steuern" (ebd.).

Im Gegensatz zum Newsroom als Organisationsform wurden dem sogenannten Social Media Newsroom bereits wissenschaftliche Publikationen gewidmet. Bei diesem handelt es sich um eine Unternehmenswebsite, welche die verschiedenen digitalen Angebote der Unternehmenskommunikation bündelt. So enthalten Social Media Newsrooms meist Pressemitteilungen, grafisches Material, Veranstaltungskalender und einen Überblick über die Social-Media-Kanäle, auf denen das Unternehmen aktiv ist (Zerfaß & Schramm 2014). Im Folgenden ist mit dem Begriff Newsroom jedoch zunächst die Organisationsform für die Unternehmenskommunikation gemeint. Social Media Newsrooms werden in Kapitel 6 thematisiert.

---

1 Teile dieses Kapitels sowie von Kapitel 5 entstammen der Abschlussarbeit von Mona Sadrowski an der Universität Mainz (Sadrowski 2015).

2.1 Bisherige Forschung zum Newsroom in der Unternehmenskommunikation

Zum Newsroom als Organisationsform dominieren fallbeispielhafte Artikel über die Newsrooms einzelner Unternehmen, in denen die Verantwortlichen für Unternehmenskommunikation mit Euphorie von ihrem Arbeitsalltag und den Vorteilen der neuen Organisationsstrukturen berichten. Häufig stellt die Newsroom-Einführung in der Kommunikationsabteilung eines bestimmten Unternehmens den Ausgangs- und meist auch Mittelpunkt jener Beiträge dar. Holzinger und Sturmer (2012) widmeten dem Thema zwar ein ganzes Buch, jedoch lässt der Untertitel „Die Newsroom-Strategie als PR-Roman" bereits vermuten, dass es sich auch bei diesem nicht um eine wissenschaftlich fundierte Auseinandersetzung mit jener Organisationsform handelt. So folgt zwar auf den ersten, fiktionalen Teil dieses Buches im Anhang eine recht ausführliche Ausarbeitung zu Newsrooms, diese ist aber ebenfalls auf ein konkretes Unternehmensbeispiel ausgerichtet und hat eher die Form einer Handlungsempfehlung. Es lassen sich auf dieser Grundlage weder über die Verbreitung von Newsrooms in Deutschland noch über die Definition oder Strukturen dieser Organisationsform detailliertere Aussagen treffen.

Beispielsweise zeigen sich Unterschiede in der organisatorischen Verortung des Newsrooms innerhalb des Unternehmens. So wird dieser zwar meist als Organisationsform der Unternehmenskommunikation beschrieben. Teilweise wird er jedoch auch der PR (Mickeleit 2013) oder dem Marketing (Pfannenmüller 2014) zugeordnet. Diese Unterschiede sind wohl einerseits der nicht vorhandenen wissenschaftlichen Grundlage sowie sicherlich auch den begrifflichen Schwierigkeiten bei der Verwendung der Begriffe Unternehmenskommunikation, PR und Marketing geschuldet. Unternehmenskommunikation wird häufig als „strategisch geplante Kommunikation von gewinnorientierten Organisationen" (Röttger, Preusse & Schmitt 2014: 28) verstanden und umfasst die Bereiche „interne Kommunikation, Marktkommunikation und Public Relations" (ebd.). In diesem Sinne ist die Unternehmenskommunikation „in aller Regel organisatorisch als Stabsfunktion oder im ‚Corporate Center' zentral verankert" (Zerfaß, Ehrhart & Lautenbach 2014: 990). Der Newsroom wird hier aus diesem Grund ebenfalls organisatorisch auf Ebene der Unternehmenskommunikation verortet.

Auch die Eigenschaften, die Newsrooms in den bisherigen Beiträgen zugeschrieben wurden, lassen kein einheitliches Verständnis dieser Organisationsform zu. Im Folgenden werden dennoch einige Charakteristika genannt, die zumindest in einem Großteil der Artikel als Newsroom-typisch beschrieben werden. In nahezu allen Artikeln wird die räumliche Umstrukturierung der Kommunikationsabteilungen als zentrale Eigenschaft des Newsrooms bewertet. Der Newsroom soll

2 Der journalistische Newsroom als Blaupause

als Großraumbüro alle Teilbereiche der Unternehmenskommunikation räumlich integrieren. Teilweise werden zudem Aufenthaltsbereiche beschrieben, die zum informellen Austausch der Mitarbeiter im Newsroom anregen sollen (Pfannenmüller 2014; Selbach 2012; Ullrich 2013). Die räumliche Veränderung soll ebenso wie tägliche Abstimmungsroutinen dazu führen, dass die Arbeit in der Kommunikationsabteilung transparenter und integrierter wird (Keller 2013; Puscher 2014).

In vielen Artikeln werden Parallelen zwischen Kommunikationsabteilungen mit Newsroom auf der einen und Medienunternehmen beziehungsweise Nachrichtenagenturen auf der anderen Seite gezogen. Folglich soll die Organisation entsprechend des Newsroom-Konzepts dazu führen, dass die Unternehmen verstärkt eigene Publikationen erzeugen und darüber direkt mit Stakeholdern in Kontakt treten, ohne dass ein Journalist als Gate-Keeper zwischengeschaltet ist (Holzinger & Sturmer 2012: 174; Karls & Wittrock 2013). In diesem Zusammenhang fallen teilweise die Schlagwörter *Storytelling* und *Content Marketing* (Mickeleit 2013; Puscher 2014). Zudem zeigen die in den Artikeln beschriebenen Fallbeispiele, dass sich die Unternehmen vor und während der Newsroom-Einführung an den Arbeitsprozessen journalistischer Newsrooms orientieren und sich von ehemaligen Journalisten beraten lassen (Pfannenmüller 2014; Selbach 2014). Teilweise wird eine stärkere Orientierung an Themen als weitere Eigenschaft des Arbeitens im Newsroom beschrieben.

Insgesamt zeigt die Analyse der bisher erschienenen Literatur zu Newsrooms, dass der inhaltliche Fokus eher auf den erwünschten Ergebnissen der Einführung jener Organisationsform denn auf der detaillierten Darstellung derer Strukturen liegt. Zu den meistgenannten Zielen zählen die bessere Abstimmung der Kommunikationsinhalte sowie das aktive Setzen von Themen. Beides soll die integrierte Kommunikation fördern und dadurch ein konsistentes Bild des Unternehmens bei den Stakeholdern erzeugen (Holzinger & Sturmer 2012: 174; Keller 2013; Pfannenmüller 2014). Die Frage allerdings, wie genau sich der Alltag in einer Kommunikationsabteilung mit Newsroom von dem einer traditionell organisierten Abteilung unterscheidet, beantworten die bisher erschienenen Artikel nicht.

In der Journalismusforschung liegen hingegen seit einigen Jahren Studien und wissenschaftliche Publikationen zu Newsrooms vor. Aufgrund des wiederholten Vergleichs zwischen Kommunikationsabteilungen und Medienunternehmen sowie der erwähnten Orientierung am journalistischen Newsroom-Konzept erscheint die Darstellung eben dieses im nächsten Schritt als erkenntnisversprechend.

2.2 Journalistische Newsrooms und die Organisation der Redaktion als Forschungsthema

Der Medienwandel zwingt journalistische Anbieter seit Jahren, sich mit veränderten Rahmenbedingungen auseinanderzusetzen. Neben der gedruckten Tageszeitung müssen Online, Social Media, Video, Audio, Apps und andere Kanäle täglich gefüllt werden – das geschieht durch eine Konvergenz in den Nachrichtenredaktionen (Pavlik 2009: 26). Zwar ist dadurch eine differenzierte Ansprache der Zielgruppen möglich, aber die neuen Chancen erfordern auch neue Formen der redaktionellen Organisation. Zielgruppen sind nicht mehr nur über einen einzigen Kanal zu erreichen, sondern nutzen viele verschiedene Kanäle. Die Kommunikation ändert sich von Push zu Pull, von Monolog zu Dialog (Holzinger & Sturmer 2012: 167). In den vergangenen Jahren haben daher viele Zeitungsredaktionen einen Newsroom eingerichtet, etwa das *Handelsblatt* in Düsseldorf, der *Axel Springer Verlag* in Berlin oder die *Blick-Gruppe* in Zürich (Meyer-Bosse 2007; Estermann 2010).

Das Newsroom-Prinzip stammt aus den USA (Neininger-Schwarz 2010). In der deutschen Journalismusforschung wird das Themenfeld Redaktionsorganisation seit den 1990er Jahren behandelt. Zunächst setzte sich dort der Begriff des *redaktionellen Managements* durch. So übertrug Ruß-Mohl die Erfahrungen US-amerikanischer Medienhäuser auf den deutschen Journalismus (Ruß-Mohl 1992; 1994; 1995). Auch Rager & Weber (1991), Heinrich (1994) und Jonscher (1995) thematisierten *redaktionelles Management*, wenn auch jeweils aus unterschiedlichen Perspektiven. Neumann (1996) präsentierte eine explorative Fallstudie, in der sie *redaktionelles Management* bei der amerikanischen Regionalzeitung *Seattle Times* analysierte. In der Arbeit von Moss (1998) entstand dann der Rückgriff auf Erkenntnisse aus der Betriebswirtschaft. Begriffe wie *Aufbau- und Ablauforganisation, Effizienz* oder *Total Quality Management* wurden mit redaktionellen Strukturen in Einklang gebracht. Dort entstand das Modell der *Redaktionellen Segmentorganisation* (Moss 1998: 148ff.), das 2002 praktische Anwendung bei der Einführung des Newsrooms im *Handelsblatt* fand (Heinrich & Moss 2006: 306). Das Konzept (Abbildung 2.1) zielt darauf ab, alle Prozesse themenorientiert anzuordnen (Moss 1998: 148ff.).

2 Der journalistische Newsroom als Blaupause

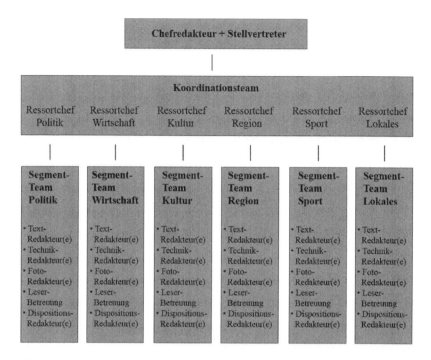

Abb. 2.1 Newsroom-Modell auf Grundlage der Redaktionellen Segmentorganisation (Moss 1998: 150).

Mittlerweile liegen diverse wissenschaftliche Publikationen und empirische Untersuchungen zum Newsroom-Konzept vor. Zu Beginn der journalistischen Newsroom-Forschung gab es noch definitorische Unklarheiten, da der Begriff im deutschsprachigen Raum etwas anderes bedeutet als im anglo-amerikanischen Journalismus, wo Newsroom ganz allgemein für die redaktionellen Räumlichkeiten steht. In den vergangenen Jahren hat sich jedoch ein im deutschsprachigen Raum weitestgehend einheitliches Verständnis des Begriffs etabliert, welches maßgeblich von Meier (2006) geprägt wurde: „Der Newsroom ist nicht einfach ein traditionelles Großraumbüro, sondern unterstützt architektonisch neue redaktionelle Konzepte des ressort- und medienübergreifenden Planens und Arbeitens. Die Wände zwischen Ressorts und Medien werden eingerissen; alle Journalisten sitzen in einem gemeinsamen Redaktionsraum und sollen sich so besser absprechen und koordinieren" (ebd.: 210).

Das Besondere dieser Art des journalistischen Denkens liegt vor allem in der Orientierung an Themen statt Ressorts. Ressortübergreifende Teams bearbeiten jeweils ein Thema gemeinsam (Blöbaum 2008; Hofmann 2015). Eine weitere Eigenschaft des journalistischen Newsrooms ist die Kompetenztrennung von koordinierenden und kreativ informationsgenerierenden journalistischen Rollen. Während koordinierende Journalisten eher organisatorische Tätigkeiten erfüllen, die eng mit der Produktion der verschiedenen Medien zusammenhängen, sind informationsgenerierende Journalisten für die tatsächlichen Inhalte jener Medien zuständig (Blöbaum 2008; Meier 2006). Meier (2014) verwendet für die Beschreibung der Struktur des Newsrooms den organisatorischen Terminus einer nach Themen und Kanälen strukturierten *Matrixorganisation*. Dabei handelt es sich um kombinierte Aufbauorganisation der Redaktion, die gleichzeitig die Merkmale Verrichtung und Objekt berücksichtigt (Moss 1998: 129ff.). Abbildung 2.2 zeigt den Aufbau einer Matrixorganisation in der Redaktion.

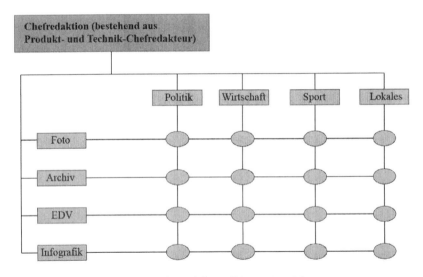

Abb. 2.2 Matrixoganisation in der Redaktion (Moss 1998: 131).

Neben der Veränderung der Strukturen und Abläufe in Redaktionen ist die räumliche Umgestaltung charakteristisch für die Newsroom-Einführung. So werden die Redaktionsräume bei dieser Organisationsform teilweise als dynamischer

„Marktplatz" (Keese 2009: 19) beschrieben, welcher dank ausbleibender räumlicher Abgrenzung zu informellen Gesprächen und Informationsaustausch anregt. Der Newsroom solle dem Chefredakteur der *Mittelbayrischen Zeitung* zufolge zudem „freie Sichtachsen haben und jedem Mitarbeiter das Gefühl vermitteln, ein wichtiger Teil des Ganzen zu sein" (Sauerer 2014).

In der Journalismusforschung werden verschiedene Ziele genannt, die Redaktionen mit der Newsroom-Einführung verfolgen. Ein Ziel ist es, mit der Zusammenführung bisher getrennt arbeitender Ressorts eine bessere Abstimmung der Inhalte innerhalb eines journalistischen Produkts zu erreichen (Blöbaum 2008; Neuberger & Kapern 2013: 203ff.). Dieselben Themen sollen auf den verschiedenen Kanälen einer Redaktion und unter Berücksichtigung derer spezifischen Eigenschaften veröffentlicht werden (Hofstetter & Schönhagen 2014; Meier 2014). Durch klar definierte thematische oder kanalspezifische Verantwortungsbereiche der Newsroom-Mitarbeiter soll deren Arbeit zudem effektiver werden, da beispielsweise die Einarbeitungsphase in neue Themenbereiche stark verkürzt werden kann. Somit sollen mehr Ressourcen für fundierte Hintergrundartikel in den Print-Medien und gleichzeitig die Rahmenbedingungen für eine gesteigerte Reaktionsfähigkeit in den digitalen Medien geschaffen werden (Meier 2014). Ein weiterer Vorteil des Newsrooms wird in der besseren Bewältigung und Koordination der Vielzahl von Medien eines Verlages gesehen (Sauerer 2014). Realisiert werden sollen diese Vorteile auch durch die Unterstützung entsprechender technischer Planungs- und Content-Management-Tools, durch welche die Newsroom-Mitarbeiter von bereits recherchiertem Material anderer Kollegen profitieren können und einen Überblick über deren Zuständigkeiten erhalten (Hofstetter & Schönhagen 2014). Die Einführung eines Newsrooms bedeutet also einen „Umbau der journalistischen Organisationsstruktur" (Blöbaum 2008: 128).

2.3 Entwicklungen in der redaktionellen Praxis

Trotz der erst relativ jungen Geschichte des Newsroom-Konzeptes im deutschen Journalismus zeichnen sich in der jüngsten Vergangenheit einschneidende Entwicklungen ab. Während sich bislang noch häufig Online- und Printredaktion getrennt voneinander organisierten, haben Medienhäuser mittlerweile begonnen, diese Redaktionen im ganzheitlichen Newsroom zu integrieren. Das *Handelsblatt* unterschied bis 2014 zwischen Online-, Live- und Printredaktion. Ziel ist es seitdem, die Digital- und Printredaktionen miteinander zu verschmelzen (Handelsblatt 2014a). „Die neue Struktur soll den Redakteuren mehr Zeit für die Vor-Ort-Recherche im

In- und Ausland einräumen" (ebd.). Die Journalistinnen und Journalisten sollen künftig frei entscheiden, wie und von wo sie arbeiten (Handelsblatt 2014b).

Auch bei der *Süddeutschen Zeitung* existieren Planungen, die Print- und Onlineredaktionen zu kombinieren (Czieslik 2014). Nicht jeder Mitarbeiter soll dort alles bedienen müssen; vielmehr soll das Verantwortungsbewusstsein für das große Ganze gestärkt werden. Ein Ziel sei es, dass sowohl ein gutes Printprodukt als auch eine gute Website entstehe. Dazu arbeiten die Experten der Plattformen eng zusammen (Czieslik 2014).

Die Redaktion der *Welt* verfolgt einen stärker Online-priorisierten Ansatz. Im Ende 2013 neu bezogenen Newsroom lag der Fokus zunächst auf der Online-Ausgabe sowie den mobilen Angeboten. In weiteren Schritten sollte die Produktion der täglich und wöchentlichen erscheinenden Produkte folgen (Die Welt 2013). Bei der *Welt-Gruppe* sitzt die strategische und operative Leitung im *Auge* des Newsrooms. So nennt Chefredakteur Jan-Eric Peters das Zentrum des Newsrooms, von dem aus die Titel gesteuert werden (Die Welt 2013). Abbildung 2.3 zeigt eine solche Steuerungseinheit, in der die Informationen zusammenlaufen und organisiert werden.

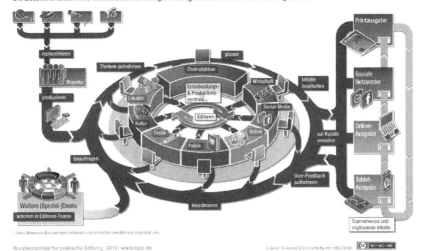

Abb. 2.3 Crossmediales Arbeiten im Newsroom (Bundeszentrale für politische Bildung 2012).

2.4 Aufbau- und Ablauforganisation im journalistischen Newsroom

Das Newsroom-Konzept ist offen für Anpassungen vielerlei Art. Der Sinn und Grundgedanke wird weitergetragen, solange zwischen Themen und Kanälen unterschieden wird. Um das Konzept im Detail zu erklären, lohnt es sich zunächst zwischen Ablauf- und Aufbauorganisation zu unterscheiden (Nordsieck 1972; Moss 1998: 27ff.). Dieser Kunstgriff dient vor allem der analytischen Durchdringung. Aufbau- und Ablauforganisation stellen bildlich zwei Seiten derselben Medaille dar. Die Aufbauorganisation legt die Statik fest (Kosiol 1976; Hoffmann 1992). Die kleinste Organisationseinheit ist die Stelle (Bühner 2004). Diese ist unabhängig von einem konkreten Aufgabenträger (Nordsieck 1972: 91), wird also losgelöst von konkreten Mitarbeitern in der Redaktion definiert. Aus der Aufbauorganisation geht hervor, wie die hierarchische Anordnung der verschiedenen Stellen ist (Fischermanns & Liebelt 1997: 62; Bühner 2004: 11).

In der Aufbauorganisation des Newsrooms wird zwischen Themen und Kanälen sowie zwischen Reportern und Editoren unterschieden. An den Themendesks arbeiten die Reporter, an den Mediendesks die Editoren. Die Themendesks können thematisch organisiert sein oder klassische Ressorts abdecken. Das *Handelsblatt* beispielsweise unterscheidet die Themendesks *Finanzen, Unternehmen, Wirtschaft und Politik, Agenda* sowie ein *Investigativteam*. Bis auf Letzteres sind den Themendesks einzelne Teams zugeordnet, die sich mit speziellen Themenbereichen beschäftigen. So existiert beispielsweise ein Team *Banken und Versicherungen*, das dem Themendesk *Finanzen* zuarbeitet, während das Team *Konjunktur* dem Themendesk *Wirtschaft und Politik* zugeordnet ist (Handelsblatt 2014b). Im Normalfall hat jeder Themendesk einen Deskchef, der die Verbindung zur Redaktionsleitung und den anderen Desks darstellt. Jeder Deskchef berichtet über die Themenlage und bietet Geschichten an. Auf diese Weise herrscht ein ständiger Austausch innerhalb der Redaktion. Auf der anderen Seite sind die Deskchefs auch Ansprechpartner für die Kollegen aus der Redaktion, weil sie an den verschiedenen Desks jeweils inhaltliche Themenkompetenz verkörpern. Die Größe eines Themendesks ist dabei variabel abhängig vom Arbeitsaufkommen.

Die Reporter sitzen nicht im Newsroom sondern arbeiten vor Ort (Meier 2012; Heinrich & Moss 2006: 309). Sie konzentrieren sich auf das Recherchieren und Verfassen von Artikeln. Zu ihren Aufgaben gehört nicht mehr das Layout der Seiten, wie es früher häufig das Anforderungsprofil von Journalisten war. Diese Aufgaben werden neben Planung und Koordination von den Editoren an den Mediendesks erledigt. Diese arbeiten hauptsächlich im Newsroom. Die Editoren sind verantwortlich für die verschiedenen Medien und Kanäle, weil sie dafür die Kompetenz besitzen. Zu den Medien und Kanälen gehört typischerweise die Printausgabe, die App, die Internetseite, das E-Paper, ein Audio-/ Videokanal oder ein Newsletter. Auch die Größe der Mediendesks ist abhängig vom Arbeitsaufkommen.

Im Newsroom sitzen die Editoren und Führungskräfte, also diejenigen, die steuern, ähnlich wie bei einem Schiff (Keese 2009: 21; 23). Der CvD ist der Kapitän. Er behält den Überblick über die aufkommenden Themen und entscheidet, welches davon in welcher Form und in welchem Medium aufgegriffen wird. Er beauftragt die Reporter am Themendesk mit der Produktion. Der CvD ist das Bindeglied zwischen allen Beteiligten im Newsroom, weil er die Steuerung von Themen und Kanälen übernimmt. Er entscheidet über die Gewichtung der Themen und ihre Aufbereitung. Er bekommt Vorschläge von den Themen- und Mediendesks, hat aber die letzte Entscheidungsgewalt. Der CvD ist auch Leiter der Redaktionskonferenzen.

Die Editoren sind im klassischen Printjournalismus die Blattmacher (Meier 2012). Sie entscheiden, welches Thema in welcher Form und welchem Umfang in die Zeitung gelangt (Heinrich & Moss 2006: 307). Aus jedem Ressort und jedem Medium sitzen Vertreter im Newsroom (Keese 2009). Die anderen Mitarbeiter arbeiten an den Mediendesks und sorgen für die kanalgerechte Aufbereitung der Themen.

Die Vertreter der Themen- und Mediendesks sowie der CvD bilden ein Koordinationsteam. Sie stehen ständig in Kontakt miteinander und arbeiten im Idealfall auch räumlich eng zusammen (Heinrich & Moss 2006: 307). Dem Koordinationsteam übergeordnet ist die Chefredaktion, die strategische Planungen übernimmt und Personalentscheidungen trifft.

Die Aufteilung zwischen Reportern und Editoren sorgt dafür, dass sich die Journalisten spezialisieren können. Keese sieht den Newsroom als Marktplatz: „Wo Menschen aufeinander treffen, werden Geschichten erzählt und Informationen ausgetauscht" (2009: 19). Der Austausch von Informationen und die effiziente Organisation dieser Themen haben damit höchste Priorität bei der Newsroom-Organisation.

Die Ablauforganisation beschreibt die räumliche und zeitliche Abfolge von Aufgaben und Abläufen (Bühner 2004: 11). Diese ist in jeder Redaktion anders. Bestandteile der Ablauforganisation sind beispielsweise die Arbeitszeiten, feststehende Routinen oder Abfolgen von Aufgaben. Die Arbeitszeiten erstrecken sich in vielen Newsrooms über den ganzen Tag. Gerade die Online-Kollegen beginnen morgens sehr früh, während der Spätdienst oft bis Mitternacht arbeitet.

Die regelmäßig stattfindenden Konferenzen ergeben das *Konferenzsystem*. Daran nimmt je nach Philosophie entweder die ganze Redaktion teil oder nur ausgewählte Mitarbeiter. Die Konferenz dient der Planung von Themen und Terminen und soll gewährleisten, dass alle Mitarbeiter über alle Themen informiert sind. Zusätzlich werden im Rahmen der Konferenz regelmäßig Blattkritiken durchgeführt (Heinrich

& Moss 2006: 307; Gniffke 2009: 42f.). Form und Häufigkeit legt jede Redaktion individuell fest. Zusätzlich zu den Konferenzen wird kontinuierlich in einem *Redaktionssystem* geplant (Gniffke 2009: 38f.). Dort fließen Themen ein, damit jeder einen Überblick über Themen, Aufbereitung, Verantwortung und Status Quo hat.

2.5 Ausblick und Bewertung

Praktiker verweisen regelmäßig auf die Vorteile, die ein Newsroom bietet. Dazu gehören kurze Wege und die bestmögliche Verteilung der Themen (Keese 2009: 23). Durch den Austausch und Kontakt der Akteure untereinander, inspirieren sie sich gegenseitig und erfahren Dinge, die nicht zwangsläufig für sie wichtig sind, die sie aber zu neuen Themen oder Ansätzen leiten (Keese 2009: 23). Zu den weiteren Vorteilen, die genannt werden, gehören Reaktionsfähigkeit und Flexibilität (Gniffke 2009: 47). Bei ad-hoc auftretenden Themen ist es demnach möglich, auf Ressourcen zurückzugreifen und Mitarbeiter an neue Themen zu setzen. Arbeitskräfte können flexibel eingesetzt werden, und es ist möglich, spontan Teams zu bilden, wenn es die Nachrichtenlage durch besondere Ereignisse erfordert. Die Arbeit am Desk ermöglicht Themenmanagement. Absprachen verhindern darüber hinaus auch die Produktion von Dubletten. Gleichzeitig entsteht motivierender Themenwettbewerb. Eine organisatorische Ausrichtung an Themen und Prozessen bietet zudem die Chance, ein Qualitätsmanagement in der Redaktion zu implementieren (Moss 1998: 148 ff.).

García Avilés, Meier, Kaltenbrunner, Carvajal und Kraus (2009) haben das Ausmaß der Newsroom-Integration in je zwei Redaktionen in Deutschland, Österreich und Spanien untersucht. Ihre Studie führte zu drei unterschiedlichen Redaktionsmodellen, welche in einer 2014 veröffentlichten Folgeuntersuchung nochmals bestätigt wurden. Von diesen entspricht das Modell der vollständigen Integration dem, was Meier in anderen Publikationen als *Newsroom-typisch* beschreibt. In diesen Redaktionen werden „die Workflows für alle Plattformen zentral gesteuert" (Meier 2014: 60), die Konvergenz der verschiedenen Kanäle gilt als Ziel der journalistischen Arbeit und die Redaktion ist entsprechend einer Matrixorganisation aufgebaut. Redaktionen, die entsprechend des Crossmedia-Modells organisiert sind, richten sich zwar weiterhin eher an Kanälen statt Themen aus, jedoch kommt es zur verstärkten Zusammenarbeit zwischen den Teams der verschiedenen Ressorts und Kanäle. Diese Zusammenarbeit wird durch eine übergeordnete Instanz koordiniert. Beim Modell der Koordination von eigenen Plattformen arbeiten die Teams der verschiedenen Kanäle getrennt voneinander und jeweils mit Fokus darauf, die

Qualität ihres jeweiligen Kanals – statt die des gesamten journalistischen Produktes – zu erhöhen. Es handelt sich um die niedrigste Stufe der Redaktionskonvergenz (García Avilés, Kaltenbrunner & Meier 2014; Meier 2014).

Hofstetter und Schönhagen (2014) untersuchten im Rahmen ihrer Studie die Auswirkungen der Newsroom-Einführung auf die Arbeit der Journalisten. Sie führten 30 Leitfadeninterviews in Schweizer Redaktionen durch und stellten fest, dass die idealtypischen Newsroom-Strukturen nur bedingt Anwendung in der journalistischen Praxis finden. So komme es eher bei der Informationsbeschaffung als bei der Inhaltsproduktion zur tatsächlichen Zusammenarbeit. Eine kanalübergreifende Produktion von Medieninhalten findet den befragten Journalisten zufolge nur bei besonders wichtigen Themen statt und ist aufgrund fehlender Kenntnisse nicht für TV und Radio realisierbar. Weiterhin bemängelten die Befragten den enormen Koordinationsaufwand, welcher notwendig werde, um entsprechend des Newsroom-Konzepts Synergien zu nutzen.

Im Rahmen der Studie *Die Zeitungsmacher* untersuchten Weichert, Kramp und Welker (2015) Innovationsprozesse in 73 deutschen Zeitungsredaktionen. Fast 60 Prozent dieser Redaktionen gaben an, einen integrierten Newsroom für die Bereiche Print und Online zu haben. Weiterhin war auffällig, dass die Redakteure, welche in einem Newsroom arbeiten, die Zukunft des Journalismus etwas positiver als andere Kollegen einschätzten und eine stärkere Aufbruchsstimmung hinsichtlich der Konvergenz von Print und Online sahen (ebd.: 121ff.).

Literatur

Blöbaum, B. (2008): Wandel redaktioneller Strukturen und Entscheidungsprozesse. In: H. Bonfadelli, K. Imhof, R. Blum & O. Jarren (Hrsg.), Seismographische Funktion von Öffentlichkeit im Wandel (1. Aufl.), Wiesbaden: VS Verlag für Sozialwissenschaften, S. 119-129.

Bühner, R. (2004): Betriebswirtschaftliche Organisationslehre. München: Oldenbourg Wissenschaftsverlag GmbH.

Bundeszentrale für politische Bildung (2012): Crossmediales Arbeiten im Newsroom. Verfügbar unter: http://www.bpb.de/gesellschaft/medien/lokaljournalismus/151607/unter-strom-der-newsroom; Lizenz: Creative Commons by-nc-nd/3.0/de, abgerufen am 28.04.2014.

Czieslik, B. (2014). „Süddeutsche" baut neuen Print-Online-Newsroom. Verfügbar unter: http://www.turi2.de/heute/sueddeutsche-zeitung-baut-print-online-newsroom/, abgerufen am 12.02.2015.

2 Der journalistische Newsroom als Blaupause

Die Welt (2013): So sieht der neue Newsroom der „Welt"-Gruppe aus. Verfügbar unter: http://www.welt.de/wirtschaft/webwelt/article122626513/So-sieht-der-neue-Newsroom-der-Welt-Gruppe-aus.html, abgerufen am 04.04.2014.

Estermann, E. (2010). So funktioniert der Newsroom bei BLICK. Verfügbar unter: http://www.blick.ch/news/so-funktioniert-der-newsroom-bei-blick-id45243.html, abgerufen am 31.08.2012.

Fischermanns, G., & Liebelt, W. (1997): Grundlagen der Prozeßorganisation. Gießen: Verlag Dr. Götz Schmidt.

García Avilés, J. A., Meier, K., Kaltenbrunner, A., Carvajal, M., & Kraus, D. (2009): Newsroom Integration in Austria, Spain and Germany. *Journalism Practice,3*(3), S. 285-303.

García Avilés, J. A., Kaltenbrunner, A., & Meier, K. (2014): Media Convergence Revisited. Lessons learned on newsroom integration in Austria, Germany and Spain. *Journalism Practice, 8*(5), S. 573-584.

Gniffke, K. (2009): Der digitale Newsroom von ARD-aktuell. Sichtweisen der Praxis. In S. Fengler, & S. Kretzschmar (Hrsg.), Innovationen den den Journalismus (S. 37-48). Wiesbaden: VS Verlag für Sozialwissenschaften | GWV Fachverlage GmbH.

Handelsblatt (2014a): In eigener Sache. Verfügbar unter http://www.handelsblatt.com/unternehmen/management/koepfe/in-eigener-sache-sven-afhueppe-wird-handelsblatt-chefredakteur/11020604.html, abgerufen am 24.02.2015.

Handelsblatt (2014b): PDF zur neuen Struktur des Handelsblatt. Verfügbar unter http://meedia.de/wp-content/uploads/2014/11/26927_HB_Plakate_A4.pdf, abgerufen am 24.02.2015.

Heinrich, J. & Moss, C. (2006): Wirtschaftsjournalistik. Grundlagen und Praxis. (1. Aufl.), Wiesbaden: VS Verlag für Sozialwissenschaften.

Hoffmann, F. (1992): Aufbauorganisation, in: E. Frese (Hrsg.), Sp. 208-221.

Hofmann, M. (2015): Crossmedia in der Redaktion: Newsdesk, Newsflow. In: T. Breyer-Mayländer (Hrsg.), Vom Zeitungsverlag zum Medienhaus. Geschäftsmodelle in Zeiten der Medienkonvergenz (1. Aufl.), Wiesbaden: Springer, S. 173-183.

Hofstetter, B., & Schönhagen, P. (2014): Wandel redaktioneller Strukturen und journalistischen Handelns Studies in Communication I Media, 3(2), S. 228-252.

Holzinger, T. & Sturmer, M. (2012): Im Netz der Nachricht. Die Newsroom-Strategie als PR-Roman. (1. Aufl.), Berlin, Heidelberg: Springer-Verlag.

Jonscher, N. (1995): Lokale Publizistik: Theorie und Praxis der örtlichen Berichterstattung; ein Lehrbuch, Opladen (Westdeutscher Verlag).

Keese, C. (2009): Innovationen im Redaktionsmanagement I: Newsrooms als Marktplätze für neue Ideen. In: S. Fengler & S. Kretzschmar (Hrsg.), Innovationen für den Journalismus (1. Aufl.), Wiesbaden: VS Verlag für Sozialwissenschaften, S. 17-24.

Keller, A.-K. (2013): Die Kampagnenmacher. Absatzwirtschaft(04), S. 32-35.

Kosiol, E. (1976): Organisation der Unternehmung, 2. A. Wiesbaden (Gabler) 1976.

Meier, K. (2006): Newsroom, Newsdesk, crossmediales Arbeiten. Neue Modelle der Redaktionsorganisation und ihre Auswirkung auf die journalistische Qualität. In: S. Weischenberg, W. Loosen & M. Beuthner (Hrsg.), Medien-Qualitäten. Öffentliche Kommunikation zwischen ökonomischem Kalkül und Sozialverantwortung. (1. Aufl.), Konstanz: UVK Verlagsgesellschaft, S. 203-222.

Meier, K. (2012): Unter Strom: Der Newsroom. Verfügbar unter http://www.bpb.de/gesellschaft/medien/lokaljournalismus/151607/unter-strom-der-newsroom, abgerufen am 04.04.2014.

Meier, K. (2014): Reformplan. Medium Magazin, 8(5), S. 60-61.

Meyer-Bosse, D. (9. Januar 2007). Axel Springer plant Aufbau einer Entwicklungs- und Serviceredaktion. Verfügbar unter http://www.axelspringer.de/presse/Axel-Springer-plant-Aufbau-einer-Entwicklungs-und-Serviceredaktion_16320.html, abgerufen am 31.08.2012.

Mickeleit, T. (2013): Hat PR eine Zukunft? pressesprecher(5), S. 18-21.

Moss, C. (1998): Die Organisation der Zeitungsredaktion. Wie sich journalistische Arbeit effizient koordinieren lässt. Opladen/Wiesbaden: Westdeutscher Verlag GmbH.

Neininger-Schwarz, N. (5. Januar 2010): Der Journalist am Fliessband. Der Trend zum multimedialen Newsroom spiegelt die Industrialisierung der Medien. Verfügbar unter: http://www.nzz.ch/der-journalist-am-fliessband-1.4439042, abgerufen am 20.08.2012.

Neuberger, C. & Kapern, P. (2013): Grundlagen des Journalismus. (1. Aufl.), Wiesbaden: Springer.

Neumann, S. (1996): Untersuchung redaktionellen Managements im amerikanischen Zeitungsbetrieb: Eine explorative Fallstudie der „Seattle Times", Dissertation, Dortmund 1996.

Nordsieck, F. (1972): Betriebsorganisation: Lehre und Technik, 2. A. Stuttgart (Poeschel) 1972.

Pavlik, J. (2009): Vom traditionellen Redaktionsbüro zur digitalen Nachrichtenredaktion. Perspektiven der Forschung. In Fengler, S. & Kretzschmar, S. (Hrsg.), Innovationen für den Journalismus (S. 25-36). Wiesbaden: VS Verlag für Sozialwissenschaften | GWV Fachverlage GmbH.

Pfannenmüller, J. (2014): Marketing aus dem Newsroom. W&V(35), S. 13-17. Pfeffer, J., Zorbach, T., & Carley, K. M. (2013). Understanding online firestorms: Negative word-of-mouth dynamics in social media networks. Journal of Marketing Communications, 20(1-2), S. 117-128.

Rager, G.; B. Weber (1991): Redaktionelles Management für die Zeitung der Zukunft, in: G. Rager, B. Weber (Hrsg.), S. 3-5.

Ruß-Mohl, S. (1992): Zeitungs-Umbruch – Wie sich Amerikas Presse revolutioniert, Berlin (Argon Verlag) 1992.

Ruß-Mohl, S. (1994): Der I-Faktor: Qualitätssicherung im amerikanischen Journalismus – Modell für Europa?, Osnabrück (Fromm) 1994.

Ruß-Mohl, S. (1995): Redaktionelles Marketing und Management, in: O. Jarren (Hrsg.) S. 103-138.

Sadrowski, M. (2015): „Das ist kein Newsroom, sondern eine aufgepeppte Pressestelle" Der Newsroom als Organisationsform der Unternehmenskommunikation, Hausarbeit zur Erlangung des Akademischen Grades eines Master of Arts in Unternehmenskommunikation/PR, vorgelegt dem Fachbereich 02 – Sozialwissenschaften, Medien und Sport der Johannes Gutenberg-Universität Mainz.

Selbach, D. (2012): Effiziente Betriebsamkeit. prmagazin(5/2012), S. 36-41.

Selbach, D. (2014): Grenzgänge. prmagazin(09/2014), S. 32-35.

Ullrich, C. (2013): Noch ein Newsroom. prmagazin(08/2013), S. 19.

Weichert, S., Kramp, L., & Welker, M. (2015): Die Zeitungsmacher. Aufbruch in die digitale Moderne. (1. Aufl.), Wiesbaden: Springer Fachmedien Weichler, K. (2014). Corporate Publishing: Publikationen für Kunden und Multiplikatoren. In: A. Zerfaß & M. Piwinger (Hrsg.), Handbuch Unternehmenskommunikation (2. Aufl.), Wiesbaden: Springer Fachmedien, S. 767-785.

Zerfaß, A. (2014): Unternehmenskommunikation und Kommunikationsmanagement: Strategie, Management und Controlling. In: A. Zerfaß & M. Piwinger (Hrsg.), Handbuch Unternehmenskommunikation (2. Aufl.), Wiesbaden: Springer Fachmedien, S. 21-79.

Zerfaß, A., Ehrhart, C. E., & Lautenbach, C. (2014): Organisation der Kommunikationsfunktion: Strukturen, Prozesse und Leistungen für die Unternehmensführung. In: A. Zerfaß & M. Piwinger (Hrsg.), Handbuch Unternehmenskommunikation (2. Aufl.), Wiesbaden: Springer Fachmedien, S. 987-1010.

Zerfaß, A., & Schramm, D. M. (2014): Social Media Newsrooms in public relations: A conceptual framework and corporate practices in three countries. Public Relations Review, 40(1), S. 79-91.

3 Themenorientierte Steuerung: Das Newsroom-Modell in der Unternehmenskommunikation

Christoph Moss

Ähnlich wie der Journalismus steht auch die Unternehmenskommunikation vor der Aufgabe, den dramatischen Medienwandel bewältigen zu müssen. Menschen verbringen zunehmend Zeit mit Medienkonsum (ZenithOptimedia 2015). Die Zahl der Kanäle steigt fast explosionsartig. Gleichzeitig vervielfacht sich die Menge der Teilnehmer an der Kommunikation: Jeder kann bloggen, twittern oder kommentieren. Das historische Modell der Massenkommunikation (Maletzke 1963) ist längst überholt. Aus Empfängern sind Sender geworden. So wie Menschen im Straßenverkehr heute Autofahrer und morgen Fußgänger sind, ändern sie auch in der Kommunikation ständig ihre Rollen. Sie können Sender und Empfänger von Botschaften sein. Sie kommentieren und fotografieren, laden ein Video hoch oder verwalten ihre Termine über das Smartphone. Die Unternehmenskommunikation kann sich dem nicht verschließen.

3.1 Die Sinnhaftigkeit des Newsroom-Modells

Ein Kommunikationsverantwortlicher brachte es einmal pointiert auf den Punkt: „Deutsche Unternehmen hatten in der Vergangenheit ein sehr leitungsgeprägtes Kommunikationsverhalten: Sie drehten den Hahn auf, schickten die Botschaft durch die Leitung, ließen aber auf keinen Fall eine Rückmeldung zu." Diese Form von Einwegkommunikation gehört der Vergangenheit an. Kommunikation bedeutet Interaktion. Spätestens der Siegeszug der Sozialen Medien hat Unternehmen schlagartig vor Augen geführt, dass sie ihre Kanäle anders steuern müssen als bisher. Dazu gehört ein professionelles Monitoring, das auch nachts und am Wochenende betrieben werden muss. Dies ist personalintensiv, weil die verantwortlichen Mitarbeiter sprech- und reaktionsfähig sein müssen. In herkömmlichen, oft hierarchisch geprägten Strukturen, kann dies schnell zu Pannen führen oder quälend lange Abstimmungsschleifen verursachen. Beides ist mit zeitgemäßer Kommunikationsarbeit nicht mehr vereinbar.

Die Sozialen Medien haben aber noch einen weiteren Effekt: Nutzer, Kunden, Interessenten und Stakeholder unterscheiden nicht mehr, ob eine Information für sie bestimmt ist oder nicht. Journalisten und Kunden, Fans und Aktionäre eint das Interesse am Produkt oder am Unternehmen. Dies hat etwa *Porsche* dazu bewegt, einen virtuellen Newsroom einzuführen (Kapitel 10). Moderne Unternehmen arbeiten crossmedial. Sie bedienen eine Vielzahl von Kanälen für eine Vielzahl von Zielgruppen aus einer zentralen Steuerungseinheit heraus: dem Newsroom.

Ein Newsroom ist eine räumlich zusammengefasste Steuerungseinheit für die Unternehmenskommunikation. Es existieren getrennte Verantwortlichkeiten für Themen und Kanäle. Die Koordination übernimmt ein Chef vom Dienst.

Chandler hat einmal treffenderweise einen Satz formuliert, der über Jahrzehnte die betriebswirtschaftliche Organisationslehre geprägt hat: „Structure follows strategy" (Chandler 1962: 14). Die Struktur eines Unternehmens folgt seiner Strategie. Die Organisationsstruktur wird also idealerweise immer vom Markt aus entwickelt. Historie („das haben wir schon immer so gemacht"), politische Rücksichten und Proporzdenken sind folglich schlechte Gradmesser für eine effiziente Organisation. Die herkömmlichen Strukturen der Unternehmen und ihrer Kommunikationsabteilungen stoßen aber schon hier an Grenzen.

Wer will noch ernsthaft über Zuständigkeitsgrenzen von Kommunikations- und Marketingverantwortlichen diskutieren? Welche Abteilung mag noch die Bedeutsamkeit von Media Relations versus Produkt-PR abwägen? Wer will tatsächlich verantworten, die redaktionelle Hoheit über Soziale Medien an IT-Verantwortliche zu geben? Hinzu kommt der inhaltliche Druck, über integrierte Kommunikation, Storytelling und Content Marketing die eigene Kommunikation möglichst weitreichend zu steuern. Zusätzliche Kanäle lassen sich bei begrenzten Ressourcen nicht beliebig aufbauen. Vor diesem Hintergrund erscheint es unausweichlich, dass Unternehmen ihre Kommunikationsstrukturen hinterfragen.

Die folgenden Ausführungen greifen an ausgewählten Stellen auf Erfahrungen aus Praxisprojekten zurück, die der Autor als externer Berater begleitet hat. So bestand bei der Einführung des Newsrooms bei der *Siemens AG* eine zentrale Aufgabe darin, Marketing und journalistische Arbeit zu integrieren (Keller 2013: 34). Zwei Marketing-Mitarbeiter sitzen nun permanent im Newsroom. Eine ihrer wesentlichen Aufgaben ist es, relevante Themen zu identifizieren.

3.2 Phasen der Newsroom-Einführung

Die Einführung eines Newsrooms ist ein Changeprojekt innerhalb der Kommunikationsabteilung, das sich über mehrere Monate erstreckt. Analytische Arbeit gehört dabei genauso zum Projektauftrag wie das Erstellen eines Zielbildes sowie die tatsächliche Umsetzung. Technische und architektonische Fragen ziehen sich durch den gesamten Prozess. Besonders wichtig ist es, die betroffenen Mitarbeiter regelmäßig zu informieren. Grundsätzlich lassen sich drei Phasen der Newsroom-Einführung unterscheiden:

- Vorbereitungsphase
- Konzeptphase
- Implementierungsphase

Vorbereitungsphase

Wenn Unternehmen neue Strukturen einführen, verfolgen sie damit idealerweise im Sinne Chandlers ein strategisches Ziel. Zunächst legen die Projektverantwortlichen fest, was sie mit der Newsroom-Einführung anstreben. In unserer Beratungspraxis haben wir eine Reihe wiederkehrender Ziele kennengelernt, die Unternehmen motivieren, ihre Kommunikationsstrukturen zu hinterfragen:

- Themenmanagement: Themen setzen und Kommunikation steuern.
- Transparenz: Offener Dialog, effiziente Prozesse.
- One Voice: Mit einer Stimme sprechen.
- Integration: Kommunikation über alle Medien hinweg.

Tatsächlich sind Unternehmen, die ihre Kommunikationsstrukturen diskutieren, von diesen Zielen häufig noch weit entfernt. Das zeigen die Fragen, die wir den Kommunikations- und Projektverantwortlichen im Unternehmen zu Beginn eines Projekts zur Newsroom-Einführung stellen:

- Gelingt es uns, Kommunikation bestmöglich zu steuern?
- Mit wie vielen Stimmen sprechen wir?
- Schaffen wir es, alle vorhandenen Themen über alle sinnvollen Medien an alle gewünschten Zielgruppen zu transportieren?
- Denken wir eher in Themen oder in Kanälen?
- Sind wir rund um die Uhr reaktionsfähig?

In der Regel können die beteiligten Kommunikatoren nicht alle Fragen mit *ja* beantworten, was zu einem ernüchternden Befund führt: Viele Botschaften, die an unterschiedliche Zielgruppen über unterschiedliche Kanäle ausgesendet werden, bestimmen den Kommunikationsalltag. Gemessen an den unternehmerischen und kommunikativen Zielen ergibt sich daher die Frage nach dem angestrebten Nutzen einer Newsroom-Einführung. Die folgenden Aussagen fassen die Erwartungen der Projektbeteiligten zusammen, wie sie typischerweise geäußert werden:

- „Weniger ist mehr: Wir setzen unsere knappen Ressourcen über alle Kanäle sinnvoll ein."
- „Wir werden in der Öffentlichkeit als kompetenter Partner wahrgenommen."
- „Wir kommunizieren aktiv."
- „Wir verstehen Kommunikation als dynamischen Veränderungsprozess."

An die Formulierung der Ziele und Erwartungen an die Newsroom-Einführung schließt sich eine intensive Analyse an. Diese umfasst die Erfassung und Bewertung des Status quo bei Aufbau- und Ablauforganisation, Kernprozessen, Themenmanagement und Zuständigkeiten. Außerdem müssen sämtliche Medien und Kanäle detailliert erfasst werden. Diese Phase ist sehr arbeitsintensiv. Sie ist geprägt durch Abteilungsworkshops sowie Interviews mit Verantwortlichen und Aufgabenträgern. Eine klar abgestimmte Kommunikation mit den Mitarbeitern ist dabei unausweichlich.

Konzeptphase

Der Analyse folgt die Erstellung des Zielbildes. Spätestens jetzt müssen die Mitarbeiter in den Prozess einbezogen sein, um Skepsis und Sorgen frühzeitig entgegentreten zu können. Die angestrebten organisatorischen und räumlichen Änderungen sind von fundamentaler Natur: Betroffen sind Aufbau- und Ablauforganisation sowie die konkreten Stellenbeschreibungen, so dass spätestens jetzt auch Geschäftsführung, Personalabteilung und Betriebsrat informiert werden müssen.

Wichtig ist es in dieser Phase, gemeinsam mit den Mitarbeitern möglichst viele Kernprozesse zu simulieren. Gerade die Sorge vor Überbürokratisierung und zeitraubenden Abstimmungen sollte nicht unterschätzt werden. Die Erfahrung zeigt, dass die Akzeptanz schnell steigt, wenn die Beteiligten erkennen, dass auch vermeintliche Ausnahmesituationen wie Krise, Zusammenarbeit mit externen Dienstleistern, Projekte oder aktuelle Großereignisse mit dem Newsroom-Modell in der konkreten Anwendung vereinbar sind. Ebenso ist es wichtig, nun ein Konferenzsystem zu erarbeiten. Dieses sollte in Workshops geübt und trainiert werden.

Daneben müssen in dieser Phase technische Fragen geklärt und ein funktionierender Themenplan entwickelt werden.
Dabei müssen auch mögliche räumlich-architektonische Änderungen berücksichtigt und angestoßen werden. Immerhin werden ehemals separate Abteilungen, Büros, Einheiten und Mitarbeiter zusammengeführt. Im Vordergrund stehen dabei Maßnahmen zur ästhetischen Raumgestaltung und zur Akustik wie etwa schallschluckende Bauteile, Teppiche, Segel oder Schreibtischelemente.

Beim *Siemens*-Projekt etwa sollte der Newsroom auch architektonisch neue Akzente setzen und die Sorge vor anonymer Arbeit im Großraumbüro nehmen (Keller 2013: 35; Walther 2013: 44). Eine Innenarchitektin schuf mehrere Arbeitsinseln in grün und weiß. Die Arbeitsplätze wurden kreisförmig angeordnet, angelehnt an Windräder und Rotoren, die *Siemens* herstellt. Der Newsroom ist offen gestaltet und erstreckt sich über zwei Etagen. Auf einem großen Newsboard laufen Agenturmeldungen ein. Ein Konferenztisch und eine Kaffeeecke bieten dabei Raum zur Kommunikation.

Implementierungsphase

Wenn das Newsroom-Modell steht, müssen alle Abstimmungen mit Geschäftsführung, Personalabteilung, Betriebsrat und Mitarbeitern vollzogen sein. In dieser Phase ist der Newsroom architektonisch, technisch und organisatorisch ausgereift. Nun ist es wichtig, den tatsächlichen operativen Start des Newsrooms über mehrere Monate mit externer Hilfe zu begleiten. Hier zeigt sich, ob der Zuschnitt der Themendesks schlüssig ist, ob das Konferenzsystem funktioniert, ob die Chefs vom Dienst akzeptiert sind und ob am Ende die ursprünglichen Ziele erreicht wurden. Beim *Siemens*-Projekt wurde dieser Schritt vernachlässigt. Mit dem räumlichen Umzug in den Newsroom liefen die Berater-Verträge aus, so dass externes Feedback ausblieb (Keller 2013: 35).

3.3 Die Aufbauorganisation im Newsroom

Wenn sich die Struktur einer Kommunikationsabteilung an ihrer Strategie orientieren soll, dann muss sich eine moderne Struktur an Themen ausrichten. Das Newsroom-Modell, das wir regelmäßig in der Praxis anwenden, sieht eine eindeutige Trennung von Themen und Kanälen vor. Außerdem bedarf es einer Koordinationsstelle, die den Ausgleich zwischen den Themen und Kanälen herstellt. Diese Aufgabe übernimmt der *Chef vom Dienst*. Diese Stelle ist der entscheidende Erfolgsfaktor für einen funktionierenden Newsroom in der Unternehmenskommunikation. Dies muss deshalb betont werden, weil eine Reihe von Unternehmen zunächst auf diese Position verzichtet, was sich in der Praxis als nachteilig erweist.

Das Newsroom-Modell besteht aus vier Ebenen. An der Spitze steht das Strategieteam. Der *Chef vom Dienst* übernimmt die operative Koordination, indem er Themen- und Mediendesks steuert. Abbildung 3.1 zeigt die Aufbauorganisation im Newsroom.

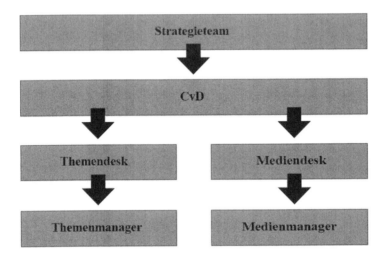

Abb. 3.1 Die Aufbauorganisation im Newsroom

Die grundsätzliche Idee des Newsrooms ist die konsequente Trennung zwischen Themen und Medien. Abbildung 3.2 zeigt, wie der Chef vom Dienst die Koordination bei einem Standardprozess übernimmt. Nachfolgend werden Strategieteam, Themen- und Mediendesk sowie Chef vom Dienst vorgestellt.

3 Themenorientierte Steuerung 41

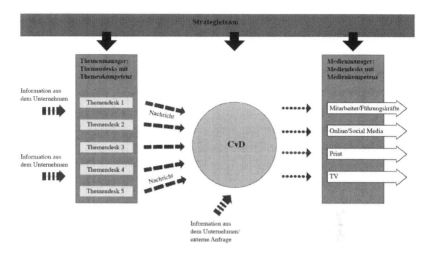

Abb. 3.2 Die Aufbauorganisation im Newsroom bei einem Standardprozess

Strategieteam

Das Strategieteam steht an der Spitze des Newsrooms und leistet strategische Kommunikationsarbeit durch Planung, Steuerung und Kontrolle. Die Mitglieder setzten inhaltliche Impulse für den Chef vom Dienst und die Themendesks. Das Team hat ein Weisungsrecht und das finale Entscheidungsrecht in allen inhaltlichen Fragen. Das Strategieteam ist mit der Chefredaktion in journalistischen Newsrooms vergleichbar. Ähnlich wie die Chefredaktion übt auch das Strategieteam die Personal- und Sachverantwortung im Newsroom aus.

Chef vom Dienst

Der Chef vom Dienst (CvD) ist das Bindeglied zwischen Themendesks und Mediendesks. Er steuert durchgängig alle Themen und Kommunikationskanäle. Er leistet operative Kommunikationsarbeit, indem er über die Gewichtung einzelner Themen entscheidet. Der CvD erteilt Arbeitsaufträge an die Themen- und Mediendesks. Zudem leitet er die Redaktionskonferenzen. Er bekommt dazu Vorschläge von den Themen- und Mediendesks, hat aber die letzte Entscheidungsgewalt. Vorbild dafür ist die Rolle des Chefs vom Dienst im Journalismus, der die internen Prozesse koordiniert (Moss 1998: 121). Im Newsroom der Unternehmenskommunikation birgt diese Stelle ein großes Konfliktpotenzial. *Siemens* gehört zu den Unternehmen, die zunächst auf einen CvD verzichtet haben. Inzwischen hat das Unternehmen diese Entscheidung korrigiert. Die Verantwortlichen haben die Aufgaben eines Chefs vom Dienst nun auf ein Governance-Team verlagert, das die Themen koordiniert (Schindler 2015a). Der Chef vom Dienst muss eine erfahrene Persönlichkeit sein. Er muss journalistisch denken, entscheidungsstark handeln und dabei Themen und Medien im Überblick behalten. Die Stelle ist von zentraler Bedeutung und sollte daher mindestens mit zwei Personen besetzt sein. Diese können zeitversetzt arbeiten und sich im Urlaubs- und Krankheitsfall vertreten. Darüber hinaus hat sich in der Praxis die Möglichkeit ergeben, den CvD neben der Tagesroutine mit Sonderprojekten zu betrauen. Detailkenntnis der Themen und Medien ist hingegen nicht zwingend erforderlich. Dies ist Sache der Themen- und Medienmanager.

Themendesk

An einem Themendesk sitzen ein oder mehrere Themenmanager. Sie sind vergleichbar mit den Reportern im Journalismus. Die Mitarbeiter an den Themendesks sind die Verbindungsstellen zu den Fachabteilungen des Unternehmens. Auf diese Weise erhalten sie von vielen Themen Kenntnis und verkörpern so inhaltliche Fachkompetenz. Der Themendesk schlägt dem CvD regelmäßig Themen vor. Er bearbeitet, recherchiert und produziert Inhalte und sorgt auch für die notwendigen Abstimmungen mit den Fachabteilungen. Wann immer der Themendesk die Texte, Bilder oder O-Töne an einen Mediendesk liefert, informiert er den CvD. Der Leiter des Themendesks nimmt an den Redaktionskonferenzen teil.

Die Themendesks können thematisch organisiert sein oder sich beispielsweise an den Geschäftsbereichen des Unternehmens orientieren: *Forschung und Entwicklung, Produkte* oder *Mitarbeiter* könnten sinnvolle Bezeichnungen sein. Die Zuordnung zu den Themendesks kann mittelfristig angepasst werden. Außerdem gibt es naturgemäß Themen und Projekte, die sich nicht klar zuordnen lassen. Daher bietet es sich an, für solche Fälle einen Projektdesk zu definieren. Die Größe eines Themendesks ist variabel, abhängig vom Arbeitsaufkommen. Die Themenmanager sind verantwortlich für ihre Themen. Sie schlagen dem Chef vom Dienst neue Themen vor, recherchieren und schreiben. Sie liefern die fertigen Beitgräge an die Mediendesks und informieren den CvD darüber.

Siemens etwa hat sich bei der Zuordnung der Themen an die Unternehmensstrategie gehalten (Schindler 2015a). So arbeiten dort neben der *Finanzkommunikation* die Thementeams entsprechend den Geschäftsfeldern. Sie betreiben für die Divisionen die interne und externe Kommunikation. Die Teams bearbeiten die Themen *Elektrifizierung, Automatisierung, Infrastruktur* sowie *Innovation und Konzernthemen.* Jedes Team kümmert sich zusätzlich um das Thema *Digitalisierung.*

Mediendesk

Die Mediendesks repräsentieren die Medien oder Kanäle des Unternehmens. Sie können jeweils aus einem oder mehreren Medienmanagern bestehen. Der Medienmanager steht an der Spitze des Mediendesks. Er verfügt über ein Vorschlagsrecht gegenüber dem CvD bei der Frage, ob ein Thema für ein Medium geeignet ist. Der Medienmanager hält engen Kontakt zum CvD und nimmt an den Redaktionskonferenzen teil. Vorbild im Journalismus ist die Rolle der Editoren (Moss 1998). Sie sind die typischen Blattmacher oder Verantwortlichen für die Online-Site. Sie bestimmen, welches Thema in ihrem Medium wie groß präsentiert wird. Sie redigieren und verfolgen den Nachrichtenfluss der Agenturen. Die Editoren arbeiten als Anwälte des Lesers, Nutzers oder Zuschauers. So stellen sie das Gegengewicht zum Themenmanager dar und garantieren auf diese Weise ein Vier-Augen-Prinzip. Die Mediendesks im Newsroom der Unternehmenskommunikation sind aufgeteilt nach den Kanälen, die das Unternehmen bespielen will. Mögliche Mediendesks sind *Print, Online, Social Media, Audio* oder *Video*. Die Medienmanager steuern die verschiedenen Kanäle, weil sie dafür die Kompetenz haben. Die Größe der Mediendesks ist abhängig vom Arbeitsaufkommen. Die Medienmanager haben ein Vorschlagsrecht gegenüber dem CvD bezüglich ihrer Medien. Sie können vorhandenes Material, das die Themenmanager produzieren, selbst für ihr jeweiliges Medium entsprechend anpassen und publizieren. *Siemens* etwa hat eigenes Team für die internen und externen Kanäle (Schindler 2015a). Corporate Homepage und Social-Media-Kanäle werden dort vom Marketing betrieben.

3.4 Die Ablauforganisation im Newsroom

Die Ablauforganisation im Newsroom orientiert sich an Arbeitszeiten, Routinen und Prozessen. Dabei sind zwischen den Unternehmen deutliche Unterschiede erkennbar. Abbildung 3.3 zeigt einen möglichen Tagesablauf im Newsroom.

Die Arbeitszeiten hängen unter anderem von Betriebsvereinbarungen ab. Ein hoher Anteil an Heimarbeitsplätzen wirkt sich dabei genauso auf die Abläufe aus wie Halbtagsstellen oder Sondervereinbarungen. Sinnvoll ist eine Kernarbeitszeit von 9 bis 17 Uhr. Unternehmen, die sehr onlineaffin sind, müssen darüber hinaus sicherstellen, dass ihre Kanäle bereits vor 9 Uhr auf dem aktuellen Stand sind. Ebenso kann ein Spätdienst in diesem Fall durchaus sinnvoll sein, vor allem um die Social-Media-Kanäle zu beobachten.

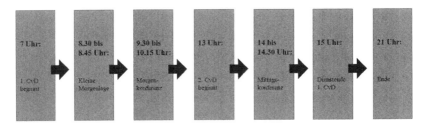

Abb. 3.3 Ablauforganisation im Newsroom: Tagesablauf

Konferenzsystem

Zu den Routinen gehört insbesondere das Konferenzsystem im Newsroom, weil es hilft, den Arbeitstag zu strukturieren. Häufig stellt allein schon die Einführung einer regelmäßigen Konferenz eine Kulturleistung dar. Zum ersten Mal sprechen Kommunikatoren über ihre Themen. Sie diskutieren über Inhalte, Relevanz, Aktualität und Produktionstermine. Die Konferenz im Newsroom ist ein Marktplatz für Informationen, der häufig zum ersten Mal einen organisierten inhaltlichen Austausch unter Kollegen ermöglicht. Darüber hinaus wird klar, welcher Mitarbeiter gerade an welchem Thema arbeitet – eine höchst relevante Information, die aber in Abteilungen ohne Newsroom keineswegs jederzeit abrufbar ist. Je nach Größe des Newsrooms ist es dabei sinnvoll, mindestens einmal am Tag zu konferieren und zumindest eine erste Konferenz am Morgen abzuhalten. In einigen Unternehmen heißt diese Zusammenkunft *Morgenlage*. Am Vormittag sowie am frühen Nachmittag kann dann eine zweite und dritte Konferenz stattfinden, die insbesondere die wichtigen Themen des Tages diskutiert.

In den Konferenzen sondieren die Beteiligten die Nachrichtenlage. Aktuelle Einflüsse aus den Sozialen Medien, aus der Presse oder aus dem Unternehmen werden dabei ebenso diskutiert wie geplante Ereignisse oder Kampagnen. In den Konferenzen werden Verantwortlichkeiten für den Tag festgelegt und Kernprozesse diskutiert. All dies immer unter der Maßgabe, themenorientiert zu denken. Der Vorteil eines Konferenzsystems liegt in der guten Planbarkeit absehbarer Termine und Ereignisse.

Auch akute Krisenfälle lassen sich in einem institutionalisierten System vergleichsweise gut bearbeiten. Neben den täglichen Konferenzen sollte einmal pro Woche (zum Beispiel freitags) eine Themenkonferenz stattfinden, die den Blick in die kommende Woche richtet. Daran sollte ein Mitglied des Strategieteams sowie der CvD mit Themen- und Medienmanagern teilnehmen. Außerdem ist es ratsam,

3 Themenorientierte Steuerung

einmal monatlich eine Strategiekonferenz abzuhalten. Diese dient als Bindeglied zwischen strategischer Kommunikationsplanung und operativer Umsetzung. Das Strategieteam sowie der CvD sollten bei dieser Konferenz anwesend sein. Abbildung 3.4 zeigt das Muster eines Konferenzsystems aus einem Newsroom-Projekt in der Praxis.

Bei *Siemens* findet an jedem Montagmorgen um neun Uhr ein dreißigminütiges Treffen mit einer Telefonkonferenz statt (Schindler 2015b). Hier blickt das Team auf die Themen und Termine der Woche. An den anderen Werktagen ist zur gleichen Zeit eine Morgenlage angesetzt, bei der die Nachrichten und Termine des Tages kurz diskutiert werden. Dienstags findet eine internationale Telefonkonferenz mit den Kommunikationsmitarbeitern der 30 größten *Siemens*-Länder statt.

Rhythmus	Konferenz	Teilnehmer
Täglich	Kleine Morgenlage	8.30 Uhr (CvD plus Themenmanager plus Medienmanager)
	Morgenkonferenz	9.30 Uhr (Mitglied Strategieteam plus CvD plus Themenmanager plus Medienmanager)
	Mittagskonferenz	14 Uhr (Mitglied Strategieteam plus CvD plus Themenmanager plus Medienmanager)
Wöchentlich	Themenkonferenz	Freitag, Blick in die kommende Woche (Mitglied Strategieteam plus CvD plus Themenmanager plus Medienmanager)
Monatlich	Strategiekonferenz	Bindeglied zwischen strategischer Kommunikationsplanung und operativer Umsetzung (Strategieteam plus CvD)

Abb. 3.4 Muster eines Konferenzsystems

In der Praxis hat sich gezeigt, dass die Einführung eines Newsrooms und damit der Aufbau eines Konferenzsystems für die Mitarbeiter einen Kulturwandel darstellt. Eine Konferenz muss bestimmten Regeln folgen, um nicht den Ruf eines ineffektiven Meetings zu bekommen. Daher ist es angebracht, die CvDs in dieser Hinsicht zu schulen. Sie müssen selbstbewusst moderieren, damit die Konferenz zählbare Ergebnisse hervorbringt. Alle Teilnehmer müssen sich dabei an Regeln halten. Nachfolgend findet sich eine Übersicht über wichtige Regeln, die mit der Newsroom-Einführung kommuniziert werden sollten.

Verhaltensregeln für Konferenzen im Newsroom

1. Wir arbeiten in einem engen Zeitrahmen. Deshalb fangen wir pünktlich an und hören pünktlich auf.
2. Wir nehmen das Treffen ernst: keine Telefonate, Mails, Chats, Nahrungsaufnahme oder Zeitungslektüre nebenher.
3. Wir sind gut vorbereitet.
4. Wir akzeptieren den Konferenzleiter/die Konferenzleiterin.
5. Wir sprechen nacheinander und lassen die anderen Teilnehmer ausreden.
6. Wir haben einen roten Faden und fassen uns kurz.
7. Wir üben inhaltliche Kritik in einem moderaten Ton, werden dabei aber niemals persönlich.
8. Wir nehmen inhaltliche Kritik ernst.
9. Wir wollen Themen voranbringen und das eigene Ego zurückstellen.
10. Wir protokollieren die Ergebnisse.

3.5 Themenmanagement

Ein kritischer Faktor bei der erfolgreichen Umsetzung eines Newsrooms in der Unternehmenskommunikation ist ein gemeinsames System, das alle relevanten Informationen der Abteilung effizient verwaltet. Jedes Mitglied des Newsrooms muss zu jeder Zeit wissen, an welchen Themen die Abteilung gerade arbeitet. Vor allem die Chefs vom Dienst benötigen einen funktionsfähigen Themenplan, mit dem sie den ganzen Tag über die Arbeit steuern können. Sie müssen über die aktuellen und relevanten Themen informiert sein, die Produktionstermine ihrer Medien kennen und wissen, welche Mitarbeiter jeweils zuständig sind. Der Themenplan sollte folgende Informationen beinhalten:

- Thema,
- Teaser,
- Themenverantwortlicher,
- Geplantes Medium,
- Erscheinungsdatum/Deadline und
- Status.

Die Herausforderung besteht darin, möglichst viele Informationen bereitzustellen und gleichzeitig den Blick für das Wesentliche nicht zu verstellen. Überfrachtete Excel-Tabellen sind dazu also ebenso wenig hilfreich wie Dokumentenberge, die auf internen Laufwerken abgelegt werden. Ein integriertes System macht es möglich, die geforderten Informationen einfach und klar zu visualisieren, idealerweise für jeden sichtbar auf einem großen Bildschirm im Newsroom oder als Dashboard auf dem eigenen Rechner. In der Praxis hat sich gezeigt, dass Unternehmen eigene Lösungen im Rahmen ihrer internen Software-Umgebung entwickeln – beispielsweise auf Grundlage von *Microsoft SharePoint*. Daneben existieren im Markt weitere Produkte:

- Der Anbieter *TeamOne* bietet eine Software-Lösung an, die den Bearbeitungsstand von Themen visuell darstellt, Delegationsströme zeigt und Dokumente der einzelnen Bearbeitungsphasen speichert. Die Software unterstützt damit auch Wissensmanagement und Ressourcenplanung. *TeamOne* arbeitet auch mit *Microsoft SharePoint* zusammen.
- Mit der Software *RS TaskGroup* lassen sich Aufgaben anlegen, Mitarbeitern zuordnen und der Arbeitsfortschritt kontrollieren.
- Das Instrument *Gantt Project* stammt aus der Projektplanung. Damit können Themen und ihr Entwicklungsfortschritt einfach und übersichtlich dargestellt werden.
- Die Software *TecArt* kann Aufgaben, Termine, Kontakte und Dokumente verwalten und Zusatz-Module einbinden.

3.6 Prozesse im Newsroom

Zu den Kernprozessen im Newsroom gehört der Weg einer Information durch den Newsroom in ein bestimmtes Medium. Bei der Ablauforganisation im Newsroom geht es im Kern um die Frage:

Wie gelangt ein Thema in die richtigen Kanäle?

Abbildung 3.5 zeigt einen Standardprozess im Newsroom. Der CvD bekommt eine Information aus dem Unternehmen. Daraufhin ordert er eine Nachricht bei Themendesk 1.

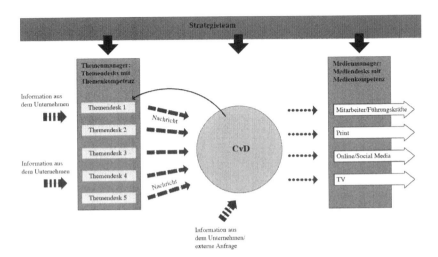

Abb. 3.5 Die Ablauforganisation im Newsroom: Der CvD ordert eine Nachricht bei Themendesk 1

Abbildung 3.6 zeigt den nächsten Schritt: Themendesk 1 liefert eine Version für den Mediendesk *Print* und eine Kopie für den Mediendesk *Online/Social Media*. Alternativ hätte die Information auch direkt aus der Fachabteilung eines Unternehmens an den Themendesk gelangen können. In diesem Fall hätte der Themenmanager den CvD informiert. Dieser hätte dann wie in Abbildung 3.6 eine Nachricht bei Themendesk 1 geordert. Im nächsten Schritt hätte Themendesk 1 dann eine Version für den Mediendesk *Print* und eine Kopie für den Mediendesk *Online/Social Media* geliefert.

3 Themenorientierte Steuerung   49

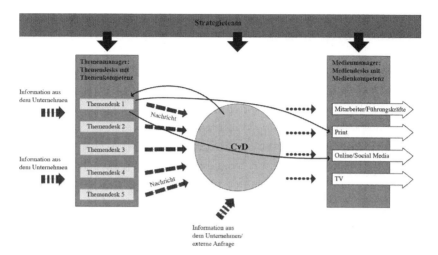

Abb. 3.6 Die Ablauforganisation im Newsroom: Themendesk 1 liefert eine Version für den Mediendesk Print und eine Kopie für den Mediendesk Online/Social Media

Bei der Einführung eines Newsrooms ist es sinnvoll, eine Reihe von Musterprozessen durchzuspielen. Die nachfolgenden Beispiele zeigen einige solcher Fälle.

Musterprozess 1: Nachricht zum Thema Standort Bremen

Der Themendesk 1 heißt *Corporate Themen*. Die Information aus dem Unternehmen gelangt an diesen Themendesk (Abbildung 3.7).

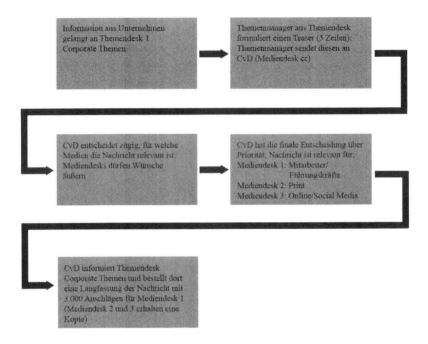

Abb. 3.7 Die Ablauforganisation im Newsroom: Nachrichtenprozess zum Thema Standort Bremen

Der Themenmanager *Corporate Themen* formuliert dazu einen fünfzeiligen Teaser. Er sendet diesen an den Chef vom Dienst und setzt die Mediendesks in cc. Der CvD entscheidet zügig, für welche Medien die Nachricht relevant ist. Die Mediendesks dürfen Wünsche äußern. Der CvD hat die finale Entscheidung über die Priorität der Information. Die Nachricht ist relevant für Medium 1 *Mitarbeiter/Führungskräfte*, Medium 2 *Print* und Medium 3 *Online/Social Media*. Der CvD informiert den Themendesk *Corporate Themen* und bestellt dort eine Langfassung der Nachricht mit 3.000 Anschlägen für Mediendesk 1 *Mitarbeiter/Führungskräfte*. Mediendesk 2 *Print* und Mediendesk 3 *Online/Social Media* erhalten jeweils eine Kopie. Dieser Musterprozess zeigt eins bereits sehr deutlich: Der CvD legt einen Kernprozess fest, indem er bei Themendesk 1 eine Langfassung der Nachricht für Mediendesk 1 *Mitarbeiter/Führungskräfte* bestellt.

Diese Fassung muss also nur noch vom Mediendesk 1 *Mitarbeiter/Führungskräfte* redigiert werden und ist danach sofort einsetzbar. Gleichsam als Nebenprodukt erhalten aber auch Mediendesk 2 und Mediendesk 3 eine Rohversion, die sie selbst

3 Themenorientierte Steuerung   51

weiterverarbeiten können. Die Sorge, dass die Prozesse im Newsroom zu Bürokratisierung oder Mehrarbeit führen, ist also grundlos. Themendesk 1 *Corporate Themen* muss den CvD lediglich kurz informieren. Im Ergebnis profitieren nun aber drei Mediendesks und von der ursprünglichen Information – und nicht nur ein Medium, wie es in einer herkömmlichen Organisationsstruktur üblich wäre.

Musterprozess 2: Nachricht zum Thema Personalentwicklung

In diesem Fall gelangt die Information aus dem Unternehmen direkt zum Chef vom Dienst (Abbildung 3.8). Dieser informiert die Mediendesks. Er legt dabei die Priorität fest.

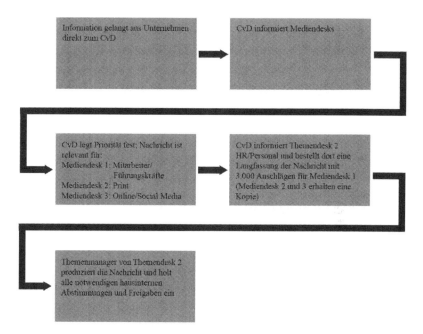

Abb. 3.8 Die Ablauforganisation im Newsroom: Nachrichtenprozess zum Thema Personalentwicklung

Die Nachricht ist relevant für Medium 1 *Mitarbeiter/Führungskräfte*, Medium 2 *Print* sowie Medium 3 *Online/Social Media*. Der CvD informiert Themendesk 2 *HR/ Personal* und bestellt dort eine Langfassung der Nachricht mit 3.000 Anschlägen für Mediendesk 1 *Mitarbeiter/Führungskräfte*. Mediendesk 2 *Print* und Mediendesk 3 *Online/Social Media* erhalten jeweils eine Kopie. Der Themenmanager von Themendesk 2 *HR/Personal* produziert die Nachricht und holt alle notwendigen hausinternen Abstimmungen und Freigaben ein.

Musterprozess 3: Nachricht zum Thema Sustainability

Die Information gelangt aus dem Unternehmen an den Themendesk 1 *Sustainability* (Abbildung 3.9). Ein Themenmanager aus dem Themendesk formuliert einen fünfzeiligen Teaser. Der Themenmanager sendet diesen Kurztext an den Chef vom

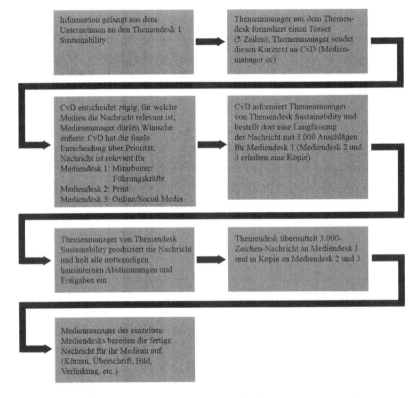

Abb. 3.9 Die Ablauforganisation im Newsroom: Nachrichtenprozess zum Thema Sustainability

3 Themenorientierte Steuerung 53

Dienst. Die Medienmanager werden cc gesetzt. Der CvD entscheidet zügig, für welche Medien die Nachricht relevant ist. Die Medienmanager dürfen dabei Wünsche äußern. Der CvD hat die finale Entscheidung über die Priorität. In diesem Fall ist die Nachricht relevant für Mediendesk 1 *Mitarbeiter/Führungskräfte*, Mediendesk 2 *Print* sowie Mediendesk 3 *Online/Social Media*. Der CvD informiert den Themenmanager von Themendesk *Sustainability* und bestellt dort eine Langfassung der Nachricht mit 3.000 Anschlägen für Mediendesk 1 sowie eine Kopie für Mediendesk 2 und Mediendesk 3. Ein Themenmanager vom Themendesk *Sustainability* produziert die Nachricht. Er holt dazu alle notwendigen hausinternen Abstimmungen und Freigaben aus den Fachabteilungen ein. Der Themendesk 1 *Sustainability* übermittelt den fertigen 3.000-Zeichen-Text an den Mediendesk 1 *Mitarbeiter/Führungskräfte*. Mediendesk 2 *Print* sowie Mediendesk 3 *Online/Social Media* erhalten eine Kopie. Die Medienmanager der einzelnen Medien bereiten die fertige Nachricht für ihr Medium auf. Sie redigieren, kürzen den Text falls notwendig, bearbeiten die Überschrift, fügen eine Bildergalerie hinzu oder setzen Links.

Musterprozess 4: Nachricht zum Thema Restrukturierung in einem deutschen Werk

Hier gelangt die Information aus dem Unternehmen direkt zum Chef vom Dienst (Abbildung 3.10). Dieser informiert die Medienmanager sowie den Themendesk *HR/Personal*. Der CvD legt dazu eine Priorität fest. Die Information ist relevant für Mediendesk 1 *Mitarbeiter/Führungskräfte*, Mediendesk 2 *Print* und Mediendesk 3 *Online/Social Media*. Der CvD bestellt beim Themenmanager von Themendesk *HR/Personal* eine Langfassung der Nachricht mit 3.000 Anschlägen für Mediendesk 1 sowie eine Kopie für Mediendesk 2 und Mediendesk 3.

Ein Themenmanager aus dem Themendesk *HR/Personal* recherchiert und produziert die Nachricht. Er holt dazu alle notwendigen hausinternen Abstimmungen und Freigaben ein. Er übermittelt die fertige 3.000-Zeichen-Nachricht an Mediendesk 1 *Mitarbeiter/Führungskräfte*. Er sendet eine Kopie an Mediendesk 2 *Print* und Mediendesk 3 *Online/Social Media*. Die Medienmanager der Mediendesks 1, 2 und 3 bereiten die fertige Nachricht für ihr Medium auf. Sie kürzen, setzen Überschriften, sorgen für Bilder und Verlinkungen.

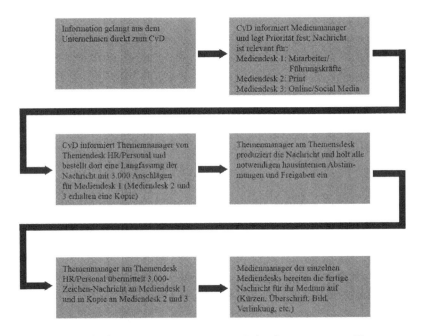

Abb. 3.10 Die Ablauforganisation im Newsroom: Nachrichtenprozess zum Thema Restrukturierung in einem deutschen Werk

Prozess 5: Sonderfall zu absehbaren Großereignissen – Bilanzsaison

Vor allem in großen, börsennotierten Konzernen stellen Media Relations und damit die intensive Betreuung von Journalisten eine wichtige Kernkompetenz der Unternehmenskommunikation dar. Auch diese Funktion lässt sich in einer Newsroom-Struktur umsetzen. Organisatorisch sollte diese Einheit wie ein Themendesk behandelt werden. Der Ablauf sollte im Kern dem Procedere der bereits diskutierten Prozesse entsprechen (Abbildung 3.11). Der CvD würde also auch in diesem Fall die endgültige Freigabe erteilen. Darüber hinaus wäre die Berichterstattung zur anstehenden Bilanzsaison ein wichtiges Thema der Monats-, Wochen- und Tageskonferenzen. Auf diese Weise wäre das Strategieteam in die Entscheidung miteinbezogen.

Der CvD achtet vor allem auf Termintreue und bestimmt ein festes Abgabedatum sowie die Medien, über die das Thema gespielt wird (hier Mediendesk 1, 2 und 3). Diese sind somit vorgewarnt. Der Themendesk *Media Relations* bereitet das Thema über einen längeren Zeitraum operativ vor. Der *Themenmanager Media Relations*

3 Themenorientierte Steuerung

liefert zum Abgabetermin die fertigen Texte und Materialien an den CvD. Dies sollte zu einem Termin passieren, der außerhalb der täglichen Produktionsspitzen liegt und genügend Zeit für Nachbesserungsarbeiten lässt. Sollten Korrekturen notwendig sein, gibt der CvD das Material zurück an den *Themenmanager Media Relations*. Erst nach endgültiger Freigabe durch den CvD übermittelt der *Themenmanager Media Relations* die gewünschten Texte an Mediendesk 1 und in Kopie an Mediendesk 2 und 3. Die Medienmanager der einzelnen Medien bereiten die fertige Nachricht für ihr Medium auf (Kürzen, Überschrift, Bild und Verlinkung).

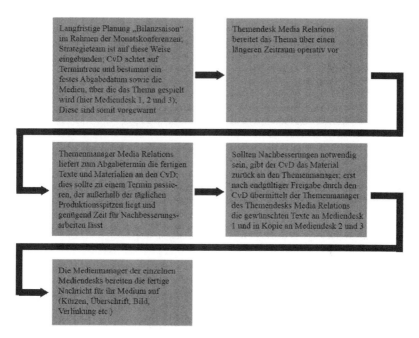

Abb. 3.11 Die Ablauforganisation im Newsroom: Sonderfall zu absehbaren Großereignissen – Bilanzsaison

Weitere Prozesse

Neben den gezeigten Musterprozessen lassen sich noch zahlreiche weitere Abläufe organisieren. So ist beispielsweise vorstellbar, dass eine externe Agentur ein Kundenmagazin produziert. Auch dieser Fall lässt sich mit einem Newsroom vereinbaren. Das Magazin würde von einem Mediendesk *Kundenmedien* betreut. Der Medienmanager wäre verantwortlich für das pünktliche Erscheinen des Heftes. Er koordiniert die Agentur. Er veranstaltet gemeinsame Redaktionssitzungen, an denen die Medienmanager des Mediendesks *Kundenmedien* sowie Vertreter der betreffenden Themendesks teilnehmen. Der CvD wird über die Ergebnisse der Treffen und den jeweiligen Informationsstand informiert. Insbesondere erfährt der CvD, welches Themenangebot für das Kundenmagazin vorgesehen ist. Sollten Inhalte darunter sein, die auch für andere Mediendesks interessant sind, werden diese informiert.

3.7 Fazit und Ausblick

Der Anspruch an einen Newsroom ist, Effektivität und Effizienz zu erhöhen. Gleichzeitig soll auch die Qualität steigen. Die Organisation nach dem Newsroom-Modell folgt dabei der strategischen Ausrichtung an Themen. Die Themenorientierung gibt also die Organisation vor. Dadurch entsteht ein Ausgleich zwischen Spezialisierung und Generalisierung: Die Themenorientierung ermöglicht eine starke Ausrichtung auf inhaltliche Kompetenzen im Unternehmen auf der einen und Vermittlungskompetenzen auf der anderen Seite. Beide Einheiten arbeiten ohne Reibungsverluste und ermöglichen ein Vier-Augen-Prinzip. Im Newsroom eines Energieversorgers sind also beispielsweise Experten zum Thema *Energiewende* genauso vertreten wie Fachleute für audiovisuelle Darstellungsformen.

Die beispielhafte Darstellung der Prozesse zeigt sehr deutlich die Vorteile der Aufbau- und Ablauforganisation in einem Newsroom. Doppelarbeiten werden vermieden, Reaktionszeiten verkürzt. Statt redundanter Informationen wird jeweils eine Nachricht für mehrere Medien produziert. Dies schont Ressourcen und ermöglicht gleichzeitig crossmediales Arbeiten im Sinne einer integrierten Kommunikation. Die beteiligten Personen kommunizieren transparent und stimmen sich eng ab. Eine klare Entscheidungshierarchie verhindert überflüssige Parallelprozesse. Gleichzeitig bleibt der Newsroom flexibel, um externe Partner sowie herausragende Ereignisse wie etwa zur Bilanzberichterstattung, zu Kampagnen oder Firmenjubiläen zu integrieren. Im Krisenfall kann der Newsroom schnell reagieren.

Ein Newsroom in der Unternehmenskommunikation ist deutlich komplexer strukturiert als ein Newsroom im Journalismus. Im Vergleich zu Medienhäusern haben Unternehmen mehr Ziel- und Anspruchsgruppen zu bedienen. Marketing, Media Relations, Produkt-PR, Redenschreiber oder Servicekommunikatoren arbeiten nach unterschiedlichen Standards. Ein typischer Fehler bei der Einführung von Newsrooms in der Unternehmenskommunikation ist dabei nicht allein der Verzicht auf einen Chef vom Dienst, sondern auch die Tatsache, dass Unternehmen nicht sofort konsequent zwischen Themen und Kanälen trennen. Häufig sind solche Entscheidungen politisch motiviert, so dass die zunächst definierten Ziele verfehlt werden.

Unternehmen, die einen Newsroom einführen wollen, sollten nicht überhastet agieren. Gerade in der Implementierungsphase, in der der Newsroom tatsächlich live geht, ist eine intensive Betreuung, Korrektur und Feedbackmöglichkeit enorm wichtig. Um die notwendige Bereitschaft zu Veränderung bei den Mitarbeitern zu wecken, ist es wichtig, die Newsroom-Einführung als Changeprojekt zu behandeln. Regelmäßige Schulungen, Workshops, Fragerunden und Trainings sind notwendig, um die Akzeptanz zu fördern.

Literatur

Chandler, A. D. (1962). Strategy and Structure – Chapters in the History of the Industrial Enterprise, Cambridge, London: The M.I.T. Press.
Keller, A.-K. (2013). Die Kampagnenmacher, in: Absatzwirtschaft 4/2013, S. 32-35.
Maletzke, G. (1963). Psychologie der Massenkommunikation. Theorie und Systematik, Hamburg: Hans-Bredow-Institut.
Moss, C. (1998). Die Organisation der Zeitungsredaktion. Wie sich journalistische Arbeit effizient koordinieren lässt. Opladen/Wiesbaden: Westdeutscher Verlag GmbH.
Walther, K. (2013). „Bild" und dpa als Vorbild, in: Wirtschaftsjournalist 2/2013, S. 42-45.
Schindler, M.-C. (2015a). Besuch im Siemens Newsroom Teil 1: Funktionen und Rollen. Verfügbar unter http://www.mcschindler.com/2015/04/22/besuch-im-siemens-newsroom-teil-1-funktionen-und-rollen/, abgerufen am 31.07.2015.
Schindler, M.-C. (2015b). Besuch im Siemens Newsroom Teil 2: Content-Planung und Abläufe. Verfügbar unter http://www.mcschindler.com/2015/04/29/besuch-im-siemens-newsroom-teil-2-content-planung-und-ablaeufe/, abgerufen am 31.07.2015.
ZenithOptimedia (2015). Internet Use to drive 1.4% Increase in Media Consumption in 2015. Verfügbar unter http://www.zenithoptimedia.com/internet-use-drive-1-4-increase-media-consumption-2015/, abgerufen am 31.07.2015.

Effizienz und Effektivität: Die Säulen des Newsroomkonzepts

4

Lara Behrens, Christoph Moss und Niklas Stog

Die theoretischen Vorteile des Newsroom-Modells liegen auf der Hand: Die Zentralisierung der Themenentwicklung ermöglicht eine konsistentere externe Kommunikation bei einem effizienteren internen Ressourceneinsatz. Zugleich ist die Einführung des Newsrooms mit einem unternehmensinternen Wandel verknüpft, der die über Jahre gewachsenen Fürstentümer verschiedener Kommunikationsdisziplinen wie klassischer PR, Werbung und Online Marketing bedroht. Um dem Widerstand dieser Stakeholder entgegenzuwirken, besitzt die frühzeitige Einbindung der Unternehmensführung bei der Einführung des Newsrooms oberste Priorität. Diese Unterstützung des Top Managements kann jedoch nur gewonnen werden, wenn der theoretische Mehrwert des Newsrooms quantifiziert werden kann.

Damit rückt ein Thema in den Mittelpunkt der Diskussion, das traditionell nicht zu den Kerndisziplinen der Unternehmenskommunikation zählt und von vielen Praktikern mit Misstrauen beäugt wird: Die Messung und Bewertung von interner Effizienz, kommunikativem Output und unternehmerischer Wertschöpfung. Diese Messbarkeit erlangt im digitalen Zeitalter besondere Relevanz, da mit Web Analytics, Social Media Monitoring, Suchmaschinen und CRM neue Datenquellen entstanden sind, die kommunikativen Erfolg unvermittelt messbar machen und bislang verborgene Einblicke in das Verhalten und die dahinter liegenden Motive unterschiedlicher Zielgruppen eröffnen (McAfee & Brynjolfsson 2012).

4.1 Von Big Data zu Smart Data: Messbarkeit und neue Daten als Schlüssel zu integrierter Kommunikation

Das wohl prägnanteste Zitat im Kontext von Kommunikation und Messbarkeit stammt von Henry Ford: „Ich weiß, dass die Hälfte meiner Werbeausgaben herausgeworfenes Geld ist, ich weiß nur nicht welche Hälfte" (zitiert in: Mödritscher 2008: 85). Sein Satz bringt noch immer den Status Quo in vielen Unternehmen auf den Punkt: Das Top Management erkennt in den meisten Fällen die theoretische Bedeutung von Marketing und Kommunikation. Folglich bewilligt es diesen Abteilugen die entsprechenden Budgets. Der genaue Effekt dieser Investments bleibt jedoch im Verborgenen, was zulasten von Optimierung, Steuerung und Akzeptanz der gesamten Disziplin geht.

Das Zitat von Henry Ford verdeutlicht zudem, dass die Diskussion über Messbarkeit so alt ist wie die Unternehmenskommunikation selbst. Zugleich erfährt das Thema in der jüngeren Vergangenheit eine Renaissance, was zum einen mit der wachsenden Notwendigkeit zusammenhängt, den Wertbeitrag von Kommunikation in Zeiten des Shareholder Value Prinzips und zunehmenden Wettbewerbsdrucks zu beziffern (Luo & Jong 2010). Zum anderen weckt die wachsende Bedeutung digitaler Datenquellen wie Social Media Monitoring, Online Search und Web Analytics die Hoffnung, neue Wirkungszusammenhänge zwischen Kommunikationsmaßnahmen und dem übergeordneten Unternehmenserfolg herzustellen. So geben zum Beispiel Web-Analytics-Daten darüber Aufschluss, wie viele Website-Besuche über welche Maßnahmen akquiriert werden und welcher Anteil dieser Besuche zu einem Produktkauf konvertiert.

Setzt man die Kosten der so gemessenen Maßnahmen ins Verhältnis zu den jeweils zugeordneten Umsätzen, gelangt man zur Berechnung eines Return on Investment (ROI), der in der alten Welt von stationärem Handel und Offline Medien nie in dieser direkten Form messbar gewesen wäre. Hinzu kommt, dass Web-Analytics-, Search- und Social-Media-Daten einen unschätzbaren Vorteil besitzen: Sie sind nahezu in Echtzeit verfügbar und geben im Gegensatz zu klassischen Marktforschungsverfahren ungefilterten Einblick in das tatsächliche Verhalten von Konsumenten (Ernst & Young 2011).

Die Betrachtung der Wirkungskette *Maßnahme – Website-Besuch – Produktkauf* ist jedoch nur für wenige Unternehmen ganzheitlich sinnvoll, nämlich für solche, die ausschließlich digitale Kanäle für Kommunikation und Produktverkauf nutzen. Doch selbst für viele dieser sogenannten *Online Pure Player* reicht die lineare Verknüpfung von Maßnahme und Wirkung nicht aus, um einem sehr viel komplexeren Entscheidungsprozess von Konsumenten Rechnung zu tragen. So kann ein Nutzer zuerst über die Verlinkung von einem Blog auf eine Webseite gestoßen sein, um im

Nachgang mehr zum Unternehmen beziehungsweise bestimmten Produkten auf Suchmaschinen zu recherchieren und schließlich über den Klick auf ein Online Banner zum Produktkauf zu gelangen. Während diese Problematik noch teilweise mit dem sogenannten Customer Journey Tracking-Verfahren aufgefangen werden kann, in dem jeder Kontakt (und nicht nur der letzte vor dem Kauf getätigte Klick) mit einer vorab festgelegten Gewichtung in die ROI-Berechnung einfließt (Lee 2010), bleibt der Effekt von nicht direkt verkaufsfördernden Maßnahmen zumeist unberücksichtigt. Besonders komplex ist die sinnvolle Nutzung digitaler Daten in Branchen wie FMCG oder Automotive, in denen noch immer ein Großteil von Marketing-Investitionen offline getätigt und ein Großteil der Umsätze im stationären Handel erzielt werden. Die Fähigkeit, digitale Daten auszuwerten und zur Optimierung des Marketing-, Kommunikations- und Unternehmenserfolgs einzusetzen, wird somit zu einem entscheidenden Wettbewerbsvorteil (LaValle et al. 2011).

4.2 Controlling mit Effizienzbewertung

Das Controlling von Maßnahmen in der Unternehmenskommunikation bekommt einen neuen Stellenwert, wenn es um die Hintergründe für die Organisation nach dem Newsroom-Prinzip geht. Mit der Einführung eines Newsrooms haben viele Unternehmen den Anspruch, die Effizienz zu verbessern – und wollen dies natürlich auch beweisen. Es müsste also ein Modell geben, das KPIs und Effizienz gleichermaßen berücksichtigt.

Die Frage nach der Effizienz ist im Ursprung ein Phänomen der Betriebswirtschaftslehre und wird häufig zur Beurteilung von Produktionsprozessen herangezogen, um die Produktivität zu bewerten (Cantner et al. 2007: 6ff.). Bezieht man den Effizienzanspruch auf die Bewertung von Organisationsstrukturen, so geht es um organisatorische Effizienz. Diese bezeichnet das Maß, in dem eine Organisationsstruktur zur Erreichung der Unternehmensziele beiträgt (Springer Gabler Verlag o. J. a). Zur Bewertung organisatorischer Gestaltungsalternativen nutzen Thom und Ritz (2008: 224) Effektivitäts- und Effizienzkriterien, die sich auf das von ihnen entwickelte Effizienzkonzept beziehen. Die Grundlage des Konzepts sind zwei Hauptziele: Innovationsfähigkeit und die Förderung des organisationalen Lernens (Thom & Wenger 2010: 141). Das Konzept umfasst sechs Effizienzkriterien, die den Kategorien *Ökonomisch-technische Kriterien*, *Flexibilitätsorientierte Kriterien* und *Interne anspruchsgruppenorientierte Kriterien* zugeordnet sind. Abbildung 4.1 zeigt das Effizienzkonzept nach Thom und Wenger (2010: 143f.):

Abb. 4.1 Effizienzkonzept nach Thom und Wenger (eigene Darstellung in Anlehnung an Thom & Wenger 2010: 143f.)

Die Effizienzkriterien sind je nach Unternehmen variabel nutz- und veränderbar (Thom & Wenger 2010: 179f.). Trotzdem stößt das Modell bisher auf relativ wenig Widerhall in der Forschung. Auch andere Konzepte zur Bewertung organisatorischer Effizienz, wie beispielsweise die Kontingenztheorie (Miebach 2012: 93ff.) oder das Konzept des Organisationsfits nach Donaldson (2001: 249), haben sich bislang nicht durchgesetzt. Dennoch sind Elemente des Effizienzkonzeptes vielversprechend und werden daher bei der Entwicklung eines Modells zur Messung der Effizienz im Newsroom berücksichtigt.

Grundlage für ein Modell können die von Erich Frese entwickelten Effizienzkriterien sein: Vor einigen Jahren nutzte Moss (1998) sie bereits für die Effizienzbewertung im Journalismus. Da eine inhaltsorientierte Unternehmenskommunikation zahlreiche Parallelen zur redaktionellen Arbeit zeigt, ist die Verwendung der Effizienzkriterien denkbar. Zudem sind die Kriterien aktuell, wie sich im Folgenden zeigen wird.

Wie bereits festgestellt, drückt organisatorische Effizienz aus, inwieweit eine Organisationsstruktur zur Erreichung der Unternehmensziele beiträgt. Ohnehin sollte jede Handlung einer Organisation der Erreichung der Unternehmensziele dienen. Da dieser Einfluss in der Regel nicht ohne weiteres deutlich wird, bedarf es der Definition von Ersatzzielen, die sich operationalisieren lassen (Frese et al. 2012: 5). Dazu entwickelte Frese Teileffizienzkriterien, die er zu den Oberbegriffen *Koordinationseffizienz* und *Motivationseffizienz* zusammengefasst hat (Frese et al. 2012: 8, 296ff.). Folgende Teileffizienzkriterien lassen sich unterscheiden (Frese et al. 2012: 10):

4 Effizienz und Effektivität

Ressourceneffizienz beschreibt die (kosteneffiziente) Nutzung von Potenzialfaktoren, also von Personen, maschinellen Anlagen und immateriellen Ressourcen (etwa Know-how). Gelingt dies nicht, ist unter anderem mit der Existenz von Zwischenlagern und einer problematischen Ressourcenallokation zu rechnen.

Markteffizienz erfasst die umfassende Nutzung von Potenzialen sowie die Vermeidung von Interdependenzen auf dem Beschaffungs- und dem Absatzmarkt. Hohe Markteffizienz erfordert, die Kontakte zu Kunden und Lieferanten bereichsübergreifend auf die Ziele der Gesamtunternehmung auszurichten. Anzeichen für mangelnde Markteffizienz sind vor allem entgangene Absatzchancen sowie schlechte Konditionen bei der Abwicklung von Markttransaktionen.

Prozesseffizienz berücksichtigt die Abstimmung der internen Leistungserstellungsprozesse. Sie sind über alle Wertschöpfungsstufen auf die Ziele der Gesamtunternehmung auszurichten. Üblicherweise werden Zwischenlager und lange Durchlaufzeiten als Anzeichen für unzureichende Prozesseffizienz gesehen.

Delegationseffizienz erfasst die Ausgeglichenheit von reduziertem, aber übergreifendem Wissen auf höherer Hierarchieebene und Detailwissen auf unterer Hierarchieebene. Mangelnde *Delegationseffizienz* äußert sich generell in einer problematischen Allokation von Ressourcen.

Für *Motivationseffizienz* sind Eigenverantwortung und Überschaubarkeit entscheidend. Eigenverantwortung erfasst die Verantwortung des Mitarbeiters für das Arbeitsergebnis. Der Mitarbeiter hat einen Spielraum für eigene Entscheidungen. Überschaubarkeit berücksichtigt abgeschlossene Aufgabenkomplexe und die räumliche Konzentration der Aktivitäten.

Abbildung 4.2 gibt einen Überblick über die Teileffizienzkriterien:

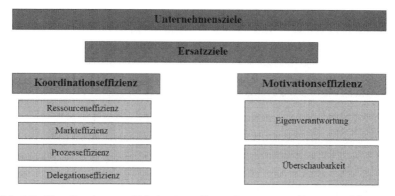

Abb. 4.2 Koordinations- und Motivationseffizienz (eigene Darstellung in Anlehnung an Frese et al. 2012: 296ff.)

Moss (1998) hat die Kriterien auf die Organisation von Redaktionen im Journalismus angewandt und damit kommunikative und ökonomische Ziele verknüpft. Dazu transformierte er die Effizienzkriterien auf journalistische Arbeitssituationen und differenzierte beispielsweise *Markteffizienz* in *Beschaffungsmarkt-* und *Lesermarkteffizienz*.

Da sich Zielkonflikte zwischen den verschiedenen Effizienzkriterien nicht ausschließen lassen, ist eine Gewichtung notwendig, die sich an der Strategie und den Zielen des Unternehmens orientiert (Frese et al. 2012: 8; Kugeler & Vieting 2012: 241f.). Moss (1998: 105) hat dazu die Effizienzkriterien im Journalismus nach den Wettbewerbsstrategien *Kostenführerschaft* und *Differenzierung* (Porter 2014) gewichtet (Tabelle 4.1).

Tab. 4.1 Effizienzkriterien entsprechend den Wettbewerbsstrategien (Moss 1998: 105)

	Strategien	
Effizienzkriterien	**Kostenführerschaft** („Billigstrategie")	**Differenzierung** („Qualitätsstrategie")
Interne Prozesseffizienz	+	0
Externe Prozesseffizienz	0	+
Ressourceneffizienz	+	0
Lesermarkteffizienz	0	+
Beschaffungsmarkteffizienz	+	0
Delegationseffizienz	0	0
Motivationseffizienz	0	0
(„+" = „besonders wichtig"; „0" = „Nebenbedingung")		

Bei den Strategien *Kostenführerschaft* und *Differenzierung* unterscheiden sich die Ansprüche an das Produkt. Eine Strategie der *Kostenführerschaft* würde durch eine Organisationsstruktur begünstigt, die *interne Prozesseffizienz* ermöglicht, geringe Kosten verursacht *(Ressourceneffizienz)* und die internen Prozesse sowie Rechercheaufwand *(Beschaffungsmarkteffizienz)* so schlank wie möglich hält. Eine *Differenzierungsstrategie* würde demnach von einer organisatorischen Gestaltung profitieren, die *externe Prozesseffizienz* und *Lesermarkteffizienz* sicherstellt. *Res-*

4 Effizienz und Effektivität

sourceneffizienz, *Delegationseffizienz* und *Motivationseffizienz* gelten dabei als Nebenbedingung.

Freses Effizienzkriterien sind auch in der zehnten Auflage seines Werkes noch immer aktuell (Frese, Graumann & Theuvsen 2012). So ziehen unter anderem Kugeler und Vieting (2012) diese Kriterien von Frese heran, um organisatorische Effizienz zu bewerten. Sie beschäftigen sich mit der prozessorientierten Organisation, deren wesentliches Merkmal der Fokus auf den Gesamtprozess ist (Kugeler & Vieting 2012: 231). Die Prozessorientierung ist für die Verwendung der Effizienzkriterien nicht weiter vorrangig, sie bedingt lediglich eine andere Gewichtung der Effizienzkriterien (Kugeler & Vieting 2012: 245). Zusätzlich zu Freses Kriterien *Koordinationseffizienz* und *Motivationseffizienz* bringt Kugeler die *Anpassungseffizienz* als drittes Hauptkriterium ein (Kugeler 2000: 50ff.). Abbildung 4.3 zeigt die Effizienzkriterien.

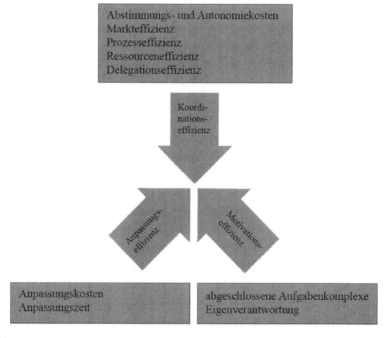

Abb. 4.3 Kriterien zur Bewertung organisatorischer Effizienz (eigene Darstellung in Anlehnung an Frese et al. 2012; Kugeler & Vieting 2012: 236ff.)

Die *Anpassungseffizienz* beschreibt die Flexibilität, auf veränderte Rahmenbedingungen reagieren zu können. Sie ist „umso höher, je einfacher sich die Struktur verändern lässt" (Kugeler & Vieting 2012: 239ff.). Ausgedrückt wird die Anpassungseffizienz durch zwei Maßgrößen: *Anpassungskosten* und *Anpassungszeit*. Diese Größen geben an, wie lange es dauert, die Organisation an veränderte Rahmenbedingungen anzupassen und was dies kostet – sei es durch bauliche oder organisatorische Veränderungen als auch „durch das Vorhalten innerer Flexibilität" (Kugeler & Vieting 2012: 240).

Um *Anpassungskosten* und *Anpassungszeit* so gering wie möglich zu halten, können verschiedene Maßnahmen ergriffen werden. Mitarbeiter mit umfassenden Qualifikationen (Generalisten) können schneller neue Aufgaben übernehmen als spezialisierte Mitarbeiter (Kugeler & Vieting 2012: 240f.). Dadurch ist es möglich, flexibel auf unterschiedliche Arbeitsaufkommen reagieren zu können. Der Nachteil sind die erhöhten Personalkosten, falls die personellen Ressourcen nicht auch für andere Abteilungen oder Aufgaben genutzt werden können. Eine weitere Maßnahme zur Verringerung von *Anpassungskosten* und *Anpassungszeit* sind „kurze und klar definierte Entscheidungsprozesse" (Kugeler & Vieting 2012: 240). Schnelle Reaktionen und eine hohe Flexibilität werden erreicht, wenn Entscheidungskompetenzen über alle Hierarchieebenen verteilt sind.

Filzmoser greift die Effizienzkriterien nach Frese auf, um Möglichkeiten zur Bewertung einer Organisation vorzustellen. Freses *Koordinationseffizienz* beschreibt demnach die Grobstruktur, die *Motivationseffizienz* die Feinstruktur (Filzmoser 2010: 79). Die Grobstruktur wird mit den Konzepten des Zielansatzes abgeglichen, um einen Fit zwischen der Struktur und den Zielen des Unternehmens zu bewerten. Dazu unterscheidet Filzmoser (2010: 79) *Zielerreichungsansatz*, *Stakeholder-Ansatz* und *Competing Values*. Zur Bewertung der Feinstruktur ist der Fit zwischen der Stellenanforderung und dem Inhaber wichtig. Hier wird unterschieden zwischen *Anforderungskompatibilität* und *Anreizkompatibilität*. Dabei beschreibt *Anforderungskompatibilität*, inwieweit der Mitarbeiter aufgrund seiner Qualifikationen in der Lage ist, die ihm übertragenen Aufgaben zu erfüllen (Laux & Liermann 1987: 257). *Anreizkompatibilität* sagt aus, inwieweit die Ziele des Mitarbeiters mit denen des Unternehmens konform gehen. Es geht also um Können und Wollen des Mitarbeiters. Mithilfe der Effizienzkriterien lassen sich dann alternative Organisationsformen vergleichen (Filzmoser 2010: 116f.).

Bei der Suche nach Effizienzkonzepten, Effizienzkriterien oder anderen Möglichkeiten zur Bewertung von Organisationsstrukturen taucht immer wieder auch der Begriff *Kommunikationseffizienz* auf. Zur Bewertung der Kommunikationseffizienz gibt es verschiedene Ansätze, jedoch hat sich keiner davon bisher in der Praxis durchgesetzt. Aus Stöbers (2014) Versuch, Effizienz in der Kommunikationswissenschaft zu verankern, lässt sich jedoch eine wichtige Erkenntnis für die Effizienzkriterien in der Unternehmenskommunikation ableiten: Die Effizienz der Kommunikatoren und Medieninstitutionen führt gemeinsam mit der Effizienz der Rezipienten und Nachfrager zur Gesamteffizienz des Marktes, wobei die Vorteile je nach Messzeitpunkt auf der einen oder anderen Seite liegen (Stöber 2014: 191). Für die Effizienzkriterien bedeutet dies: *Kommunikationseffizienz* und *Rezipienteneffizienz* ergeben *Markteffizienz*. Verfasser anderer Arbeiten wie Schwarz (2013) und Pfefferkorn (2009) nutzen die Data Envelopment Analysis zur Messung von Kommunikationseffizienz. Dazu sind jedoch mehrere Untersuchungseinheiten notwendig, die vergleichbar sind (Schwarz 2013: 66).

Um die Effizienzbewertung auf die Unternehmenskommunikation zu übertragen, wird hier ein neues Modell vorgestellt. Darin werden aus Freses Hauptkriterien *Koordinationseffizienz* und *Motivationseffizienz* die jeweiligen Teileffizienzkriterien für die Unternehmenskommunikation entwickelt. Neben den bereits gezeigten Effizienzkriterien sind dafür auch Messgrößen notwendig. Dies erfordert einen Einblick in die Entwicklungen des Kommunikationscontrolling, das die Effizienz und Effektivität der Kommunikation bewertet (Pfefferkorn 2009: 9).

4.3 Entwicklungen im Kommunikationscontrolling

Kommunikationscontrolling ist eine spezielle Form des Controlling, vergleichbar dem Marketingcontrolling für die Marketingarbeit oder dem Vertriebscontrolling für den Vertrieb. Kommunikationscontrolling leitet sich ab von Controllingansätzen, die aus der Betriebswirtschaft bekannt sind (Zerfaß 2010: 29). Controlling ist zukunftsgerichtet. Die häufige Übersetzung von Controlling mit dem deutschen Begriff *Kontrolle* ist daher falsch (Internationaler Controller Verein 2010: 14). Controlling umfasst vielmehr Zielfindung, Planung und Steuerung (Internationaler Controller Verein 2010: 14) innerhalb eines Unternehmens. Ziel ist es, Fakten zu erheben, und auf dieser Basis zu planen und zu steuern (Harenburg 2014).

Controlling stellt eine Unterstützungsfunktion für das Management dar (Zerfaß 2010: 34f.). Das Kommunikationsmanagement als Steuerungsfunktion der Unternehmenskommunikation braucht das Kommunikationscontrolling für die Planung, Steuerung und Kontrolle der Kommunikationsaktivitäten (Rolke & Zerfaß 201: 871). Außerdem soll durch Kommunikationscontrolling die Wirtschaftlichkeit der Kommunikation sichergestellt werden (Rolke & Zerfaß 2014: 869; PR Report o. J.). Kommunikation verursacht Kosten, so wie sie in jeder anderen Abteilung eines Unternehmens entstehen. Kosten werden unter anderem verursacht durch die aufgewandte Zeit für die Beschaffung von Informationen, Personalkosten, Opportunitätskosten, externe Zulieferer oder Dienstleister, Pflege und Instandhaltung der Homepage und anderer Kanäle, Events wie Pressekonferenzen und Produktionskosten für Kommunikationsprodukte. Die Geschäftsleitung möchte in der Regel sehen, mit welchen Zahlen die Kommunikationsabteilung ihr Budget rechtfertigt. Wie in Kapitel 1 dieses Bandes ausgeführt, kommt aus diesem Grund der Kommunikation als Wertschöpfungsbeitrag zu den Unternehmenszielen eine wichtige Rolle zu. Rolke und Zerfaß unterscheiden dazu vier Funktionen von Kommunikation (Tabelle 4.2):

Tab. 4.2 Wertorientiertes Handeln in der Kommunikation (eigene Darstellung nach Rolke & Zerfaß 2014: 868f.)

Kommunikation als Vermittler von Informationen zum Unternehmen und Produkten	Kommunikation als Mittel, um beispielsweise Bekanntheit, Glaubwürdigkeit, Authentizität und Reputation zu schaffen
Kommunikation zur Strategiedefinition und Positionierung der gesamten Organisation	Kommunikation zum Aufbau und zur Pflege von Beziehungen, um langfristig Handlungsspielräume der Organisation zu sichern

Die vier Funktionen von Kommunikation haben indirekt einen Einfluss auf die Wertschöpfung des Unternehmens, wenn beispielsweise die Bekanntheit gesteigert und damit der Verkaufserfolg erhöht wird. Komplexe Wirkungszusammenhänge lassen es jedoch bei kleineren Kommunikationsaktivitäten schwierig erscheinen, den Beitrag einer Maßnahme zur Wertschöpfung des Unternehmens zu erkennen oder gar zu beziffern (Zerfaß 2010). Für ein ganzheitliches Kommunikationscontrolling müssen daher kleinstufigere Kennzahlen gefunden werden, die Erfolg auch auf vorgelagerten Wertschöpfungsstufen messbar machen. Da sich die Ziele der Unternehmenskommunikation in der Regel von den Zielen des Unternehmens ableiten, werden häufig die Kommunikationsziele operationalisiert und so der Beitrag zu den Unternehmenszielen deutlich gemacht (Harenburg 2014). So können sich auch die Kennzahlen für die Kommunikation von den Kennzahlen für das

4 Effizienz und Effektivität

Unternehmen ableiten (Besson 2012: 77). Daher ist Kommunikationscontrolling in seiner Ausgestaltung für jedes Unternehmen anders (Besson 2012: 77).

Über die Jahre hinweg wurden verschiedene Modelle für Kommunikationscontrolling entwickelt, jeweils mit unterschiedlichen Bezeichnungen. Besson (2012) unterscheidet zwischen den Begriffen *PR-Evaluation* und *Kommunikationscontrolling*. Sie bemängelt, dass in der Praxis diese Differenzierung häufig nicht gelebt wird. Evaluation sei die Untersuchung, Controlling das Steuern der Kommunikation (Besson 2012: 87f.). Da also zunächst die Kommunikation untersucht und anschließend gesteuert werden sollte, ist die Evaluation die Bedingung für Controlling (ebd.). Besson empfiehlt, Evaluation als Projekt zu sehen, bestehend aus den Bestandteilen Manager, Plan, Werkzeug und Bericht (Besson 2012: 17). Der Evaluationsmanager sollte sich gut mit der Materie auskennen, zunächst eine Strategie und daraufhin den Evaluationsplan entwickeln, entsprechend die Werkzeuge auswählen und die Form eines Berichts festlegen.

Bleibt die Frage, wie der Beitrag der Unternehmenskommunikation zur Wertschöpfung des Unternehmens und zur Erreichung der Unternehmensziele gemessen werden kann. Im Folgenden soll dazu eine Auswahl der Modelle vorgestellt werden, aus denen Erkenntnisse für die Entwicklung des eigenen Modells gewonnen werden können.

1985 entwickelte Michael Porter das *Wertkettenmodell* des Unternehmens, wobei er zwischen primären und unterstützenden Aktivitäten unterscheidet (Porter 2014: 67). Kommunikation ist in dem Konstrukt ein weicher Faktor und übernimmt eine Hilfsfunktion beim Wertschöpfungsprozess. Auf Alfred Rappaport (1986) geht das *Shareholder-Value-Konzept* zurück. Ziel der Unternehmensführung ist es hier, den Unternehmenswert zu steigern und damit für die Anteilseigner attraktiv zu bleiben. Aus der Kritik an der Fokussierung auf nur eine Anspruchsgruppe entwickelte eine Forschungsgruppe unter der Leitung von Robert S. Kaplan und David P. Norton die *Balanced Scorecard* (Springer Gabler Verlag o. J. b). Die ursprüngliche Finanzdimension wurde um drei Perspektiven erweitert: *Kundenperspektive, interne Prozessperspektive* sowie *Lern- und Wachstumsperspektive*. Das Ziel der *Balanced Scorecard* ist die Verknüpfung der vier Perspektiven mit der Strategie. Dazu werden die Wirkungszusammenhänge zwischen Werttreibern der Kommunikation und den Unternehmenszielen anhand von Value Links aufgezeigt (Pfannenberg 2009: 3). Kaplan und Norton entwickelten hierzu die *Strategy Map*. Sie stellt eine grafische Beschreibung der Unternehmensstrategie dar (Pfannenberg 2009: 3).

Anhand der Festlegung kleinschrittiger Ziele und passender Messgrößen bietet die *Balanced Scorecard* die Möglichkeit, durch einen Soll-/Ist-Abgleich die Zielerreichung zu messen und daraus Handlungen abzuleiten. Das Instrument wurde in der Praxis häufig verwendet. Für die Unternehmenskommunikation wurde die *Balanced Scorecard* angepasst als *Communication Scorecard* von Hering und Schuppener (2004) und *Corporate Communications Scorecard* von Zerfaß. Letztere verbindet Vision, Unternehmensstrategie und die Strategie der Unternehmenskommunikation und unterstützt damit die Steuerung der Kommunikationsabteilung (Zerfaß 2004). Weitere Modelle sollen in Tabelle 4.3 kurz vorgestellt werden.

Ein Modell, das mittlerweile die Akzeptanz in der Kommunikationsbranche hat und auch international anerkannt wird, ist das *Wirkungsstufenmodell* (Rolke & Zerfaß 2014: 875; PR Report o. J.). Der Arbeitskreis *Wertschöpfung durch Kommunikation* der Deutschen Public Relations Gesellschaft (DPRG) hat sich gemeinsam mit dem Internationalen Controller Verein (ICV) 2009 auf die Verwendung dieses Modells verständigt (PR Report o. J.). Der DPRG/ICV Bezugsrahmen greift bisherige Ansätze auf (Rolke & Zerfaß 2014: 875). Das Wirkungsstufenmodell der Kommunikation besteht aus vier Hauptstufen: *Input, Output, Outcome* und *Outflow* (Rolke & Zerfaß 2014: 875ff.). Die Komplexität aber auch der Einfluss auf die Unternehmensziele steigt mit jeder Stufe. Der Einfluss der Kommunikation nimmt hingegen ab (Rolke & Zerfaß 2014: 875). Die Kennzahlen sind je nach Wirkungsstufe unterschiedlich komplex. Messgrößen für den *Output* sind *Budgettreue, Durchlaufzeiten, Fehlerquoten, Anzahl* und *Auflage erschienener Beiträge* (Storck et al. 2010: 2). Die *Outcome*-Ebene erfasst Messgrößen wie *Bekanntheit, Erinnerung, Wiedererkennung, Einstellung, Verhaltensdisposition* und *Handlungen*. Auf der *Outflow*-Ebene sind folgende Messgrößen denkbar: *verkaufsfördernde Maßnahmen, Senkung der Einarbeitungskosten pro Arbeitsplatz* sowie *Kompetenzen der Mitarbeiter*. Das *Wirkungsstufenmodell* wird vor allem als gemeinsame Verständnisgrundlage gesehen und muss zur Anwendung den jeweiligen Begebenheiten im Unternehmen angepasst werden (Rolke & Zerfaß 2014: 875ff.). Tabelle 4.4 zeigt eine Übersicht der Messgrößen und Wirkungsstufen.

4 Effizienz und Effektivität

Tab. 4.3 Modelle für Kommunikationscontrolling (eigene Darstellung; Quellen siehe rechte Spalte)

Modell	Beschreibung	Quelle
Value Based Communication Management (VBCoM)	• greift den Shareholder-Value-Ansatz auf und integriert das Kommunikationsmanagement in das Value Based Management des Unternehmens • setzt hoch aggregierte Kennzahlen ein, um die Kommunikation quantitativ zu bewerten	(Pfannenberg & Zerfaß, 2004:13)
Communications Value System (CVS)	• Managementsystem für Kommunikation • beinhaltet sieben Schritte • basiert auf dem Stakeholder-Modell des Unternehmens • integriert verschiedene, aus anderen Modellen bekannte Teilaspekte, wie Werttreiber, Ursache-Wirkungsbeziehungen, Indikatoren „Ziel des CVS ist es, Unternehmens- und Kommunikationsstrategie miteinander zu verbinden und konkrete Steuerungsgrößen für die Kommunikationsstrategie zu entwickeln" (communicationcontrolling.de, o. J., b).	eigenes Modell des Unternehmensverbandes der führenden Kommunikationsagenturen (GPRA) (communication-controlling.de, o. J., b)
Communication Control Cockpit	• der Fokus liegt auf der Ermittlung von Imagewerten und ihr Verhältnis zum eingesetzten Kommunikationsbudget • daraus werden Kennzahlen ermittelt, die unter anderem eine Aussage über die Kommunikationseffizienz geben: Image-Index: Gesamtimagewert des Unternehmens Value-Value-Relation: Verhältnis von Image- oder Reputationswert eines Unternehmens und dem geschaffenen Unternehmenswert (EVA) Return on Communications: Verhältnis von geschaffenem Unternehmenswert (EVA) und eingesetztem Kommunikationsetat Kommunikationseffizienz: Verhältnis von ImEx und Kommunikationsetat	(communication-controlling.de, o. J., a)
Index Interne Kommunikation	• bezieht sich auf einzelne Teilbereiche der Unternehmenskommunikation	(communication-controlling.de, o. J., c)
Corporate Information System	• System speziell für Integrierte Kommunikation	(communication-controlling.de, o. J., c)

Tab. 4.4 Wirkungsstufen, Messgrößen und Methoden für die Unternehmenskommunikation (eigene Darstellung nach Rolke & Zerfaß 2014: 880)

Input	Output		Outcome		Outflow
	interner	externer	direkter	indirekter	
Beobachtung direkte/Test Labor/Feld	Personaleinsatz Finanzaufwand	Durchlaufzeiten Budgettreue	Visits Zahl Artikel/ Reaktionen Downloads	Verweildauer Teilnehmerzahl Feedbacks	Kunden- verhalten Mitarbeiter- verhalten	Umsatz Projekt-/ Vertragsab- schlüsse
Auswertung Zahlen Texte Bilder		Fehlerquote Qualitätsgrad	Kontakte/ Reichweite Verständlichkeit Tonalität	Einschaltquote Comments	Kommentare Engagement	Produktivität Markenwert Reputation Kosten- reduktion
Befragung schriftlich mündlich telefonisch/ direkt offen/ geschlossen		Zufriedenheit (Note) Überprüfung (Bewertung)	Einschätzung von Beob- achtern	Recall Recognition	Vertrauen Weiterempfeh- lung Preisakzeptanz Ideen	Analysten- empfehlung Kaufabsicht
Methoden zur Erfassung von Wirkungs- zusammen- hängen	Effizienzberechnungen (Input-Output-Analysen)					
			Medienresonanzanalysen			
					Conjoint-Analysen	
						Marken-/ Reputationsbewertung
	Korrelations-/Regressionsanalysen (kombinierbar mit Effizienz- und Medienresonanzanalysen)					

Auf internationaler Ebene wurden 2010 die *Barcelona Principles* verabschiedet. An der Entwicklung waren fünf Verbände beteiligt *(Magee 2010; PR Report 2010; AMEC 2012)*: *Public Relations Society of America (PRSA), Institute for Public Relations (IPR), Global Alliance, International Communication Consultancy Organization (ICCO)* und *International Association for the Measurement and Evaluation of Communication (AMEC)*. Die *Barcelona Principles* sollen Branchenstandards auf internationaler Ebene darstellen, konnten sich bisher aber nicht durchsetzen (Storcks 2014). Anders als die meisten Ansätze nutzen sie keine Kennzahlen. Vielmehr stellen sie gemeinsame Richtlinien dar, nach denen ein Kommunikationscontrolling erfolgen soll (Tabelle 4.5).

Tab. 4.5 Die Barcelona Principles (eigene Darstellung in Anlehnung an PR Report 2010)

Barcelona Principles – Die sieben Standards:	Zielsetzung und Messung der Zielerreichung sind fundamental für jedes PR-Programm
	Die Messung von Outcomes ist der bloßen Messung der Medienresonanz vorzuziehen
	Wo möglich, sollten die Auswirkungen von PR auf die Geschäftsergebnisse gemessen werden
	Medienevaluation erfordert Quantität und Qualität, Clippings allein reichen nicht aus
	Anzeigenäquivalenzwerte messen weder die Wertschöpfung von PR, noch liefern sie Anhaltspunkte für künftige Aktivität
	Social-Media-Aktionen können und sollten gemessen werden
	Transparenz und Wiederholbarkeit sind oberstes Gebot verlässlicher Evaluation

Alternative Ansätze sind stark davon geprägt, den Wertschöpfungsprozess der Kommunikation abzubilden. Nach dem Vorbild des betriebswirtschaftlichen Controlling werden Kennzahlen auch für die Kommunikation abgeleitet und für den Steuerungsprozess genutzt (Haumer 2013: 19). Kennzahlen sind in vielen der vorgestellten Modelle ein wesentlicher Bestandteil. Sie stellen Indikatoren für „Veränderungen des gemessenen Sachverhalts" (Pfannenberg 2010: 27) dar. Zur Definition einer Kennzahl bietet es sich an, ein Kennzahlenstammblatt zu erstellen, das Auskunft etwa über Herleitung, Zweck und Messmethode gibt (Pollmann & Sass 2011: 6). Aus einzelnen Kennzahlen entstehen Kennzahlensysteme.

Messgrößen können auch solche Daten sein, die ohnehin erhoben werden und bisher nicht weiter analysiert wurden. Dies erhöht nebenbei noch die Akzeptanz des Kommunikationscontrolling. Eine Medienresonanzanalyse beispielsweise als klassisches Instrument der Kommunikationsevaluation liefert Daten zu Reichweite und Resonanz. Diese Zahlen können mit gewissen Einschränkungen auch zur Effizienzbewertung herangezogen werden. Berücksichtigt werden muss insbesondere, dass die Werte wenig beeinflussbar sind (Besson 2012: 14).

Auch Social-Media-Aktivitäten müssen als Instrument der Unternehmenskommunikation im Controlling erfasst werden. Der Bundeskongress der Bilanzbuchhalter und Controller hat sich 2012 damit beschäftigt und Ariana Fischer, zu der

Zeit Leiterin Consulting bei ICOM GmbH, zu dem Thema referieren lassen. Mit Blick auf das *Wirkungsstufenmodell* des DPRG/ICV stellte sie Social-Media-Kennzahlen vor (Tabelle 4.6).

Tab. 4.6 Kennzahlen für Social-Media-Controlling, vorgestellt von Ariana Fischer auf dem Bundeskongress der Bilanzbuchhalter und Controller 2012 (eigene Darstellung nach Hillmer 2012)

Wirkungsstufe	Kennzahl	Beschreibung
Input-Ebene	Finanzkennzahlen	beispielsweise Kosten
Output-Ebene	Resolution Time	Durchschnittliche Zeit, die benötigt wird, um auf eine Erwähnung zu reagieren
	Activity Rate	Durchschnittliche Anzahl der geposteten Beiträge pro Tag
	Prozessqualität	Anzahl der Abstimmungen für einen Beitrag
	Unique Visitors	Kennzahlen zur Messung der Reichweite einer Seite
Outcome-Ebene	Share of Voice	Erwähnungen einer Marke im Vergleich zur Erwähnung von Wettbewerbern
	Dialog Rate	Anzahl der Beiträge, aus denen sich Dialoge mit den Usern ergeben, im Verhältnis zu allen geposteten Beiträgen einer Seite
	Topic Trends	Kontexte, in denen eine Marke oder ein Produkt erwähnt wird
	Sentiment Analyse	Anzahl der positiven, neutralen oder negativen Beiträge zu einem Produkt oder Unternehmen in einem bestimmten Zeitraum
Outflow-Ebene	Reputation Index	
	Index der Brand Awareness	
	Dialog Rate	

Das Kommunikationscontrolling hat die Funktion, durch Beobachtung, Analyse und Messen das Kommunikationsmanagement mit Informationen über die Effizienz und Effektivität der Kommunikationsaktivitäten zu informieren und so eine Grundlage zur Steuerung ebendieser bereit zu stellen.

Die Evaluation kann je nach Aufwand von externen Dienstleistern oder eigenen Mitarbeitern erledigt werden. In jedem Fall müssen die Ergebnisse aufbereitet und dargestellt werden, sei es als Bericht, in einem Plan, als Dashboard oder als Kennzahlen-Cockpit (Zerfaß 2010: 35f.). Für die visuelle Darstellung lassen sich zahlreiche Instrumente unterscheiden, die häufig webbasiert sind (Pollmann & Sass 2011: 10). Zwei solcher Plattformen sind der *Communication Performance Manager* von Lautenbach und Sass sowie das *Allmedia Cockpit*.

Die vorgestellten Modelle bilden den größten Teil der im deutschsprachigen Raum etablierten Modelle ab. Mit den *Barcelona Principles* gab es den Vorstoß, auch international ein gleiches Verständnis und Methoden zu entwickeln. Branchenverbände und andere Vereinigungen versuchen Standards zu setzen. Dennoch bleibt das Thema Kommunikationscontrolling vielseitig und wird differenziert betrachtet.

4.4 Data-Driven Communication: Ein integrierter Ansatz zur ganzheitlichen Messung und abteilungsübergreifenden Steuerung von Kommunikation

Die Kernherausforderung in der Messbarmachung von Kommunikation liegt in der Reduktion von Komplexität und der Bewertung kanalübergreifender Zusammenhänge. Beide Punkte sind entscheidend, um die Arbeit von Kommunikationsdisziplinen vergleichbar zu machen und so übergreifend zu steuern. Zugleich ist die Bündelung und Strukturierung der im Unternehmen verfügbaren Datenpunkte die Grundvoraussetzung dafür, bestehendes Expertenwissen aus einzelnen Abteilungen offenzulegen und unternehmensweit nutzbar zu machen. Diesen Zielen stehen neben der enormen inhaltlichen Komplexität jedoch individuelle Interessen gegenüber, die vor Umsetzung eines einheitlichen Messsystems unbedingt zu berücksichtigen sind. Auf Basis der durch *trommsdorff + drüner* in den Unternehmen *Coca-Cola, Volkswagen, E-Plus* und *Nivea Beiersdorf* umgesetzten Best Practices empfiehlt sich dabei ein fünfstufiges Vorgehen (trommsdorff + drüner 2015).

Schritt 1: Daten und KPI Audit

Der erste Schritt zu einem abteilungsübergreifenden Mess- und Steuerungssystem von Kommunikation besteht in der Sichtung und Bewertung aller intern existierenden Datenquellen und Kennzahlensysteme. Teilziel ist es hierbei, die innerhalb einzelner Abteilungen entwickelten Fähigkeiten und Instrumente zu identifizieren, die noch nicht in Gänze mit dem Rest des Unternehmens geteilt werden. Ein häufig auftretendes Beispiel hierfür ist das umfassende Web Analytics Know-how der Online Marketing Abteilung, das nur selten für strategische Zwecke eingesetzt wird. Parallel dazu existieren in vielen Kommunikationsabteilungen umfangreiche Expertise und Tools im Social Media Monitoring, die ebenso selten geteilt und für abteilungsübergreifende Zwecke genutzt werden.

Diese exklusive Beanspruchung einzelner Datenquellen von bestimmten Abteilungen unterstreicht zum wiederholten Mal die Notwendigkeit, von Beginn an die Unterstützung des Top Managements zu besitzen, um vorhandene Silos aufzubrechen. Ebenso ist es empfehlenswert, die operative Projektsteuerung einem unabhängigen Akteur (also nicht einem der Teilbereiche aus Marketing und Unternehmenskommunikation) zu übertragen, der Zugang zu den eingesetzten Datenquellen erhält und die bislang eingesetzten Messsysteme untersucht – etwa einer externen Beratungsfirma, Agentur oder der internen Strategieabteilung. Erfahrungsgemäß erweist sich dabei die in Abteilungen vorhandene Angst, aufgebautes Wissen zu verlieren und kein politisches Kapital mehr daraus zu ziehen, als unbegründet, da das über Jahre entwickelte implizite Know-how nur schwer imitierbar ist und zugleich einen großen Mehrwert für andere Abteilungen schafft. Im Rahmen des Daten-Audits erhalten die zuvor in Silos aktiven Experten nicht selten eine höhere Sichtbarkeit und mehr Anerkennung, da der strategische Wert ihrer Arbeit erstmalig auf den höheren Führungsebenen sichtbar gemacht wird.

Schritt 2: Datenoptimierung

Nach der ersten Sichtung verfügbarer Datenquellen steht im zweiten Schritt die Optimierung der Datenqualität im Vordergrund. Aufgrund der erfahrungsgemäß stärksten Schwankungen sollte dabei ein besonderer Fokus auf digitale Datenquellen wie Web Analytics, Online Paid Media und Social Media Monitoring gelegt werden. Gerade in global tätigen Unternehmen, die mit einer Vielzahl von Digital- und Mediaagenturen zusammenarbeiten, ist die länderübergreifende Qualität und Vergleichbarkeit von Online-Daten nur unzureichend vorhanden. Zur Vereinheitlichung und Verbesserung der Datenqualität ist es deshalb unbedingt erforderlich, Richtlinien für die einheitliche Datenerfassung einzuführen, die die Standardisierung des *Website Taggings* (einheitliche Einbindung von Web Analyse

Tools und Messung von Website KPIs), der Erstellung von Link Parametern für digitale Werbemittel und der Zuordnung von Themen und Sentiment im Social Media Monitoring beinhalten. Damit verknüpft sind Prozessbeschreibungen und *Service Level Agreements* (SLAs), um die Umsetzung der definierten Richtlinien sicherzustellen und so digitale Datenqualität nachhaltig zu gewährleisten.

Neben dem Thema Standardisierung steht in Phase zwei auch die Erschließung neuer Datenquellen im Vordergrund. Beispielhaft können hier *Google*-Suchdaten genannt werden, die in den meisten Unternehmen noch nicht in strategische Messmodelle eingebunden sind. Die bislang unzureichende Nutzung von *Google*-Daten ist umso erstaunlicher, da in fast allen global relevanten Märkten (einzige Ausnahmen Russland, China, Japan und Südkorea) Google mit Abstand Marktführer ist und damit umfassende Einblicke in die Interessen von Konsumenten und die Bedeutung und Lebenszyklen von Trends eröffnet. Die detaillierte Erschließung dieser Daten würde den Rahmen dieses Kapitels übersteigen. Abgekürzt kann aber darauf verwiesen werden, dass Suchdaten als Indikator für marken- und unternehmensrelevante Trends ebenso eingesetzt werden können wie zur Operationalisierung saisonaler Anlässe oder zur Resonanzmessung von Offline-Kanälen. Neben der reinen Messung des Online-Suchvolumens zur Marke empfiehlt sich dabei die Entwicklung eines unternehmensspezifischen Themenmodells, das die wichtigsten Keywords zu Marken, Branchen- und Umfeldthemen operationalisiert und in Echtzeit messbar macht.

Schritt 3: Datenintegration

Die inhaltlich wohl anspruchsvollste Aufgabe liegt in der Definition eines ganzheitlichen KPI Modells, das die Masse der abteilungsübergreifend vorhandenen Daten auf wenige wesentliche Kennzahlen reduziert. Dabei besteht der erste Schritt in der Kombination von statistischen Verfahren und inhaltlichen Analysen, um die kommunikationsrelevanten Variablen zu identifizieren, die signifikanten Einfluss auf das Unternehmensergebnis besitzen. Ausgangspunkt hierfür bildet die Definition von Hypothesen über Wirkungszusammenhänge zwischen Kommunikationsmaßnahmen und dem Entscheidungsprozess der Zielgruppen. Um den Erklärungsgehalt des Modells zu maximieren, sollten dabei nicht nur direkt beeinflussbare Faktoren wie Marketing- und Kommunikationsmaßnahmen berücksichtigt werden, sondern je nach Branche relevante externe Faktoren wie makroökonomische Trends, Wetterdaten oder saisonale Effekte.

Die in dem Modell identifizierten signifikanten Variablen sollten im Anschluss in ein Kennzahlensystem überführt werden, das die herausgearbeiteten kausalen Zusammenhänge in eine logisch nachvollziehbare Reihenfolge bringt. So können für ein Konsumgüterunternehmen Wirkungsstufen wie *Invest, Reichweite,*

Bekanntheit, Engagement und *Sales* in dieser Reihenfolge herangezogen werden, während für Telekommunikationsanbieter zusätzliche Stufen wie *Kundenbindung* oder *Weiterempfehlung* hinzugefügt werden können und für Automobilunternehmen die Stufe *Leads* (Generierung qualifizierter Vertriebskontakte) besondere Relevanz besitzt (trommsdorff + drüner 2015). Die branchen-, unternehmens- und disziplinadäquate Bezeichnung der Zieldimensionen besitzt dabei hohe Relevanz, um Akzeptanz im jeweiligen Unternehmen zu schaffen. Der Großteil der internen Zielgruppen wird die dem Modell zugrundeliegenden statistischen Berechnungen und Analysen nicht im Detail nachvollziehen, weshalb das intuitive Verständnis von Terminologie und Kausalmodell von höchster Bedeutung ist.

Die im Modell definierten Kennzahlen sollten idealerweise aus unterschiedlichen, sich gegenseitig ergänzenden Datenquellen herangezogen werden. Digitale Daten haben hier den entscheidenden Vorteil, besonders schnell Aufschluss über den Erfolg bestimmter Maßnahmen zu geben, während klassische Marktforschungsdaten ein höheres Maß an Repräsentativität gewährleisten. Die Verknüpfung dieser Datenpunkte ermöglicht die Erweiterung des analytischen Blickfelds, die in der Empirie auch als „Triangulation" (Bryman, 2006: 105) bezeichnet wird. So können *Google*-Suchvolumen, Website Traffic oder Ergebnisse aus der klassischen Marktforschung Aufschluss über die Reichweite und quantitative Resonanz einer Initiative oder Kampagne geben. Qualitative Effekte können parallel durch die Integration explorativer Methoden wie Social Media Monitoring, Inhaltsanalysen oder Fokusgruppen analysiert werden. Im Zusammenspiel können so nicht nur der übergeordnete Erfolg einer Marke gemessen, sondern auch operative Hebel zur Ergebnisverbesserung identifiziert werden.

Schritt 4: Pilotierung

Das so auf Basis von Vergangenheitsdaten entwickelte Modell kann nur im Unternehmen Fuß fassen, wenn es gleichsam am offenen Herzen, also auf Basis aktuell durchgeführter Initiativen, implementiert wird. Um die abteilungsübergreifende Wirkung des Piloten zu maximieren, sollten dabei Programme ausgewählt werden, in denen eine Vielzahl kommunikativer Maßnahmen und Kanäle genutzt werden. Zu Beginn empfiehlt es sich, im Rahmen eines gemeinsamen Kick-Off Workshops Verantwortliche aus den Bereichen Unternehmens- und Produkt-PR, Digital-Marketing und Social Media, Mediaplanung sowie Content Entwicklung zusammenzubringen. Auf Basis zuvor definierter Benchmarks gilt es hier, gemeinsame Ziele für die einzelnen Teilkanäle und -maßnahmen zu definieren und sich auf ein gemeinsames Reportingformat im Rahmen des Piloten zu verständigen.

Entscheidend für den Erfolg des Piloten ist neben der frühzeitigen Involvierung und Zusammenführung aller Stakeholder die Ableitung klarer inhaltlicher Empfehlungen auf Basis der analysierten Daten sowie die anknüpfende Umsetzung der Empfehlungen und eine daraus folgende Verbesserung des Gesamtergebnisses. Um diese Handlungskette sicherzustellen, ist in den meisten Unternehmen eine Anpassung des existierenden Planungs-, Entscheidungs- und Umsetzungsprozesses erforderlich, der in den meisten Fällen zeitintensive Vorläufe, eine ausschließlich ex post vorgenommene Bewertung des Kommunikationserfolgs und aufwändige Abstimmungen zwischen Kommunikationsdisziplinen und Rechtsabteilung beinhaltet. Die kurzfristige Verfügbarkeit von Insights und Empfehlungen erfordert zusammen mit kürzer werdenden medialen Themenzyklen ein agileres Vorgehen, das die zeitnahe Umsetzung von Empfehlungen sicherstellt. Neben kürzeren Kommunikations- und Entscheidungswegen, die Kernbestandteil des Newsroom-Modells sind, impliziert dies auch eine selektivere Planung von Budgets vor Kampagnenstart. Das bedeutet konkret, dass ein bestimmter Anteil des insgesamt verfügbaren Kommunikationsinvestments zurückgehalten wird, um zur kurzfristigen Anpassung von Maßnahmen verfügbar zu sein.

Der definierte Pilot sollte also möglichst kurze Reportingzyklen und eine regelmäßige gemeinsame Durchsprache der Maßnahmenperformance und der daraus abgeleiteten Handlungsoptionen beinhalten. Neben der Durchführung wöchentlicher Status Meetings empfiehlt sich dabei der Aufbau einer online verfügbaren Reporting-Plattform, die die wichtigsten Kennzahlen in Echtzeit einsehbar macht und dabei Daten aus unterschiedlichen Quellen integriert.

Stufe 5: Verstetigung

Nach Abschluss des Piloten und im Falle positiver Ergebnisse besteht der finale Schritt in der nachhaltigen Einbettung des Tracking-Modells in die Struktur und Prozesse des Unternehmens. Strukturell ist dabei die Integration des zuletzt genannten Reporting Tools in die IT-Infrastruktur des Unternehmens von übergeordneter Bedeutung. Der Mehrwert eines solchen Tools besteht zum einen in der automatisierten und zügigen Verfügbarkeit von Informationen aus unterschiedlichen Datenquellen sowie in der daraus folgenden höheren internen Effizienz. Noch entscheidender ist jedoch die Etablierung eines gemeinsamen, abteilungsübergreifenden Verständnisses von Erfolg und Misserfolg, das sich im Aufbau dieses Online Tools und der darin für alle Stakeholder einsehbaren Kennzahlen manifestiert. Entscheidend dabei ist, dass dieses Verständnis unternehmensintern definiert wird und dem Einfluss und den Interessen externer Agenturen und Datenanbieter unterliegt. Diese Internalisierung von Infrastruktur ermöglicht somit eine objektivere Entscheidungsfindung und eine signifikante Erhöhung der Kosten- und Leistungstransparenz.

Zugleich ist der Aufbau interner Expertise in der Analyse und Interpretation dieser Daten erforderlich. Die Kompetenzen von Kommunikationsprofis in PR und

Marketing müssen mittelfristig über die Konzeption und Umsetzung von Maßnahmen hinausgehen und einen noch stärkeren Schwerpunkt auf datenbezogene Inhalte und Methoden legen. Nur so kann die im Rahmen von Communication Performance Management entwickelte gemeinsame Sicht in gemeinsames Handeln überführt werden, um die theoretische Vision integrierter Kommunikation endlich Wirklichkeit werden zu lassen.

4.5 Das Modell der Newsroomeffizienz

Die vorangegangenen fünf Schritte beschreiben, wie der Aufbau eines ganzheitlichen Controlling in Unternehmenskommunikation und Marketing aussehen sollte. Um den wohl wichtigsten Schritt – die Definition einheitlicher Kennzahlen – für den Newsroom spezifizieren zu können, soll auf den folgenden Seiten ein Effizienzmodell für einen Newsroom auf Basis der Effizienzkriterien nach Frese dargestellt werden. Die Effizienzkriterien werden darin mit Instrumenten des Kommunikationscontrolling zusammengebracht. Dazu werden Auswertungsmethoden, beispielsweise Medienbeobachtung, Social-Media-Analyse, Mitarbeiterbefragung, Auswertung der Intranet- und Internet-Seiten, mit den Effizienzkriterien zusammengebracht und gewichtet. In der Kommunikation ist es jedoch nicht möglich, alles in quantitativen Messgrößen auszudrücken. Daher enthält das System Messgrößen, die sowohl quantitativer als auch qualitativer Natur sind. Zunächst werden jedoch die Kriterien im Einzelnen hinterfragt. Die Effizienzkriterien teilen sich auf in *Prozesseffizienz, Ressourceneffizienz, Markteffizienz, Delegationseffizienz* sowie *Motivationseffizienz*.

- *Prozesseffizienz in der Unternehmenskommunikation:* Die Schnelligkeit der Arbeitsprozesse einer Abteilung ist abhängig von der Ebene, auf der sie stattfinden. Es gibt nicht die einen internen Prozesse, sondern hier ist zu differenzieren zwischen abteilungsinternen Prozessen und unternehmensinternen Prozessen – teilweise gibt es sogar bereichsinterne Prozesse. Es ist zu unterscheiden zwischen Prozessen, die die Mitarbeiter der Kommunikationsabteilung betreffen und Prozessen, bei denen Kollegen innerhalb des Unternehmens betroffen sind. Prozesse, die beispielsweise die Fertigstellung eines Produktes betreffen, sind darin eingeschlossen.
- *Ressourceneffizienz in der Unternehmenskommunikation:* Der sinnvolle Einsatz von Personal, Technik und Know-how ist nach Frese das Wichtigste bei der Ressourceneffizienz. Auch in der Kommunikation können so Kosten gespart

und die Reaktionsfähigkeit in der Abteilung gesteigert werden. Dabei ist ausdrücklich nicht der Abbau von Personal gemeint, sondern vielmehr die effiziente Organisation der Mitarbeiter.
- *Markteffizienz in der Unternehmenskommunikation:* Die Markteffizienz wurde von Moss (1998) für den Journalismus in Lesermarkt- und Beschaffungsmarkteffizienz unterteilt. Die Unternehmenskommunikation adressiert zwar auch Leser, beispielsweise für die Produkte Mitarbeiterzeitschrift oder Pressemitteilungen, allerdings mit unterschiedlichen Zielgruppen. Dies gilt auch für andere Kommunikationsprodukte wie beispielsweise Geschäftsbericht, CSR-Publikationen, Social-Media-Aktivitäten oder Fach-Berichterstattung. Im Mittelpunkt der Unternehmenskommunikation steht die Effizienz bei der Ansprache der verschiedenen Zielgruppen. Die *Markteffizienz* heißt in der Unternehmenskommunikation also *Zielgruppeneffizienz* und wird unterteilt in *Kommunikationseffizienz* und *Rezipienteneffizienz* (Stöber 2014). Diese Unterscheidung ist zugleich eine Unterscheidung zwischen aktiver und passiver Aktivität der Unternehmenskommunikation. Bei der *Kommunikationseffizienz* steht die aktiv steuerbare Leistung im Fokus. Die *Rezipienteneffizienz* erfasst, was letztendlich bei den Rezipienten ankommt und wie es wahrgenommen wird.
- *Delegationseffizienz in der Unternehmenskommunikation:* Im Newsroom nimmt der Chef vom Dienst eine wesentliche Rolle ein, indem er die Themen- und Kanalverantwortlichen steuert. Die Ausgewogenheit von Autonomie- und Abstimmungskosten spielt hier eine entscheidende Rolle.
- *Motivationseffizienz in der Unternehmenskommunikation:* Die Messgrößen für dieses Kriterium sind qualitativ und quantitativ erfassbar, wenn beispielsweise Meinungen durch Umfragen messbar werden.

Neben den bewährten Effizienzkriterien von Frese wurden auch Erweiterungen dieser vorgestellt. Die *Anpassungseffizienz* besteht aus *Anpassungskosten* und *Anpassungszeit*. Sie beschreibt die Flexibilität, auf veränderte Rahmenbedingungen reagieren zu können. Die *Anpassungseffizienz* ist „umso höher, je einfacher sich die Struktur verändern lässt" (Kugeler & Vieting 2012: 239). Dieses Kriterium wird für das Modell nicht weiter beachtet, da es hier notwendig wäre, Zeit und Kosten für eine Anpassung zu bewerten. Dies wäre in dem angestrebten Rhythmus nicht unterzubringen und sollte stattdessen losgelöst von dem Modell hinterfragt werden. Abbildung 4.4 zeigt die Effizienzkriterien für die Unternehmenskommunikation auf einen Blick.

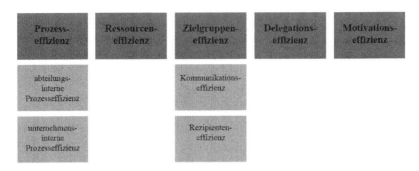

Abb. 4.4 Effizienzkriterien für die Unternehmenskommunikation (eigene Darstellung)

Die Kriterien werden in dem Effizienzsystem ähnlich wie bei Thom & Wenger (2010) in Teilfaktoren aufgegliedert. Jeder Teilfaktor ist quantitativ oder qualitativ zu bewerten und anhand einer Dreier-Skala von negativ (1 Punkt), über mittel (2 Punkte) bis positiv (3 Punkte) einzuordnen. Die Einordnung wird anschließend gewichtet abhängig von der Wichtigkeit des Teilkriteriums für das übergeordnete Ziel. Um die Gesamtsituation bewerten zu können, muss die mögliche Summe aller Teilfaktoren je Sektor berechnet werden und anschließend definiert werden, welche Werte akzeptabel sind beziehungsweise erzielt werden sollen.

Das auf den folgenden Seiten dargestellte *Modell der Newsroomeffizienz* zeigt beispielhaft Messgrößen und ihre Einordnung (Tabelle 4.7). Die Messgrößen sind unterschiedlichen Ursprungs. So unterscheidet Christoph (2014) vier Arten von Messgrößen: *Beobachtungen, Erfassungen, Beurteilungen* und *Befragungen*. Daran wird deutlich, welche Informationen eingebracht werden können. Das System und die Messgrößen werden den Rahmenbedingungen eines Unternehmens angepasst, beispielsweise bei den Produkten der Kommunikationsabteilung. Dies ist auch bei Modellen zum Kommunikationscontrolling der Fall (Lautenbach 2014: 894). Vor allem aber sind die Zielwerte individuell zu definieren, da es hier große Unterschiede je nach Unternehmen gibt. Die konkreten Zielwerte sollten vom Strategieteam des Newsrooms beziehungsweise in Absprache mit dem unternehmensweiten Controlling festgelegt werden. Die Erhebung erfolgt laufend. So ist es möglich, schnell zu reagieren und die Arbeit der Kommunikationsabteilung zu steuern. Es ist wichtig, dass ein solches Instrument gemeinschaftlich an die eigenen Begebenheiten und Bedürfnisse angepasst und getragen wird. Damit wird sichergestellt, dass das System nicht als Kontrolle sondern als hilfreiches Instrument gesehen wird.

4 Effizienz und Effektivität

Tab. 4.7 Das Modell der Newsroomeffizienz (Teil 1)

Effizienz-kriterium	Messgröße	Ausprägung	Bewertung (3) (2) (1)	Gewichtung
Prozesseffizienz	Regelmäßiger Austausch ist wichtig für die Transparenz in der Abteilung. Häufige Planungskonferenzen erhöhen den Informationsfluss.	Anzahl Planungskonferenzen pro Woche (3): mehr als 1 Mal/Woche (2): 1 (1): <1		
	Ein Themenplan sorgt für Thementransparenz und Vermeidung von Doppelarbeiten.	(3): vorhanden, regelmäßige Pflege (2): vorhanden, mäßige Pflege (1): nicht vorhanden		
	Das Planungstool ermöglicht eine langfristige Planung.	(3): langfristig (ein Jahr) (2): mittelfristig (ein Monat) (1): kurzfristig (eine Woche)		
Ressourceneffizienz	Die Mitarbeiter der Abteilung benutzen ein System, in dem alle Daten, Kontakte und Termine vorhanden sind. So reduziert sich die Pflege und Nutzung auf ein System.	(3): alle Mitarbeiter nutzen das selbe System (2): einige Bereiche nutzen das selbe System (1): alle Bereiche nutzen unterschiedliche Systeme		
	Die Mitarbeiter bekommen Schulungen, um ihren Aufgaben gerecht zu werden.	(3): regelmäßige Schulungen zu den relevanten Aufgabengebieten (2): vereinzelte Schulungen (1): keine Schulungen		
Zielgruppeneffizienz → Kommunikationseffizienz	Anzahl Pressemitteilungen pro Monat	(3): hoher Anteil in Relation zur Anzahl der Themen (2): geringer Anteil in Relation zur Anzahl der Themen (1): nur zu Themen der externen Kommunikation		
	Anzahl Tweets pro Monat	(3): hoher Anteil in Relation zur Anzahl der Themen (2): geringer Anteil in Relation zur Anzahl der Themen (1): nur zu Themen der externen Kommunikation		
	Anzahl Posts bei Google+ pro Monat	(3): hoher Anteil in Relation zur Anzahl der Themen (2): geringer Anteil in Relation zur Anzahl der Themen (1): nur zu Themen der externen Kommunikation		

Tab. 4.7 Das Modell der Newsroomeffizienz (Teil 2)

Effizienz-kriterium	Messgröße	Ausprägung	Bewertung			Gewichtung
			(3)	(2)	(1)	
Fortsetzung: Zielgruppen-effizienz → Kommunikations-effizienz	Die Unternehmenskommunikation ist durch Redaktionsbesuche bei den Medien präsent.	Anzahl der Redaktionsbesuche pro Monat (3): der Zielwert wird eingehalten oder überschritten (2): der Zielwert wird leicht unterschritten (1): der Zielwert wird drastisch unterschritten				
	Das nachhaltige Engagement des Unternehmens ist klar kommuniziert	(3): der Zielwert wird eingehalten oder überschritten (2): der Zielwert wird leicht unterschritten (1): der Zielwert wird drastisch unterschritten				
Zielgruppen-effizienz → Rezipienten-effizienz	Die Unternehmenskommunikation wird von den relevanten Zielgruppen wahrgenommen: Zielgruppe X.	Der definierte Zielwert für die Anzahl der positiv bis neutralen Beiträge in den relevanten Medien für Zielgruppe X (3): wird eingehalten oder überschritten (2): wird leicht unterschritten (1): wird drastisch unterschritten				
	Website: Anzahl der Visitors	(3): der Zielwert wird eingehalten oder überschritten (2): der Zielwert wird leicht unterschritten (1): der Zielwert wird drastisch unterschritten				
	Die durchschnittliche Verweildauer ist ein Indikator dafür, wie interessant die Website für die Nutzer gestaltet ist.	(3): der Zielwert wird eingehalten oder überschritten (2): der Zielwert wird leicht unterschritten (1): der Zielwert wird drastisch unterschritten				
Delegations-effizienz	Abstimmungen innerhalb der Unternehmenskommunikation sind schnell möglich.	(3): ja (2): nur teils (1): nein				
	Der aktuelle Produktionsstatus ist für die Leitung jederzeit abrufbar.	(3): ja, das System zeigt den Status an (2): der Status der Projekte wird an die Leitung berichtet (1): die Leitung muss den Status aktiv einholen				

4 Effizienz und Effektivität

Tab. 4.7 Das Modell der Newsroomeffizienz (Teil 3)

Effizienz-kriterium	Messgröße	Ausprägung	Bewertung (3)(2)(1)	Gewichtung
Motivations-effizienz	Die Aufgabenbereiche innerhalb der Abteilung sind klar definiert und abgegrenzt.	(3): Differenzierung zwischen Themen- und Kanal-verantwortlichen (2): Themenverantwortliche haben selbst die Möglichkeit verschiedene Kanäle zu bedienen (1): Themen werden nur in Kanälen aufgegriffen, wenn Themenverantwortliche alles vorbereiten		
	Die Mitarbeiter der Abteilung haben die Möglichkeit regelmäßiges Feedback zu ihren Leistungen zu erhalten.	(3): es gibt eine regelmäßig stattfindende Kritik (2): Mitarbeiter müssen sich Feedback einholen bzw. Feedback geben ist nicht institutionalisiert (1): es gibt kein Feedback		
	Die einzelnen Mitarbeiter agieren eigenverantwortlich.	(3): Mitarbeiter haben so viel Verantwortung wie sie tragen können (2): Mitarbeiter haben bis zu einem gewissen Grad Entscheidungsfreiräume (1): Mitarbeiter müssen sich jede Handlung freigeben lassen		
	Die Mitarbeiter haben klare Ziele.	(3): Es existiert eine Zielvereinbarung mit jedem einzelnen Mitarbeiter (2): Es existiert eine bereichsinterne Zielvereinbarung (1): Es existiert keine Zielvereinbarung		

Um das *Modell der Newsroomeffizienz* anwenden zu können, müssen verschiedene Schritte innerhalb der Abteilung vorbereitet werden. Das Strategieteam sollte für sich selbst die Ziele der Kommunikation und des Controlling definieren beziehungsweise mit den relevanten Abteilungen im Unternehmen abstimmen. Zudem sollte das Strategieteam die Definition der einzelnen Teilkriterien an die Ziele der Abteilung anpassen, Zielwerte und Messgrößen festlegen. Es sollte einen Verantwortlichen für die Pflege des Modells geben.

Im Ergebnis sieht die Abteilung fortlaufend den Status der Abteilungseffizienz. Anhand der Werte und der entsprechenden Einordnung in der Skala ist es möglich, Handlungsansätze für die Abteilung abzuleiten und dadurch die Kommunikation zu steuern. Zur visuellen Unterstützung kann die Skala mit Farben unterlegt werden (1 Punkt=Rot, 2 Punkte=Gelb, 3 Punkte=Grün). Die Gewichtung ermöglicht die Fokussierung auf Teilkriterien, die für die Erreichung der Ziele einen besonders wichtigen Stellenwert haben. Die Definition von Messgrößen und Zielwerten machen (ähnlich wie bei der *Balanced Scorecard*) einen Soll-/Ist-Abgleich möglich. Das *Modell der Newsroomeffizienz* wird fortlaufend ausgewertet und angepasst. Durch die so gewonnenen Informationen wird die Kommunikationsarbeit unterstützt, da die Verantwortlichen rückwirkend evaluieren und vorausschauend steuern können. Die *Ergebniswerte* des Modells (die Summe aus allen Teilfaktoren, zuvor jeweils multipliziert mit ihrem Wert für die Gewichtung) sollten den *Inputwerten* gegenübergestellt werden. Dies können unter anderem das *Budget der Abteilung*, *Personalkosten* oder *Produktionskosten* sein.

4.6 Ausblick

Ein Modell, das kommunikative und organisatorische Ziele bei den Messgrößen abdeckt, ermöglicht es, sowohl die Effizienz der Kommunikationsarbeit als auch die organisatorische Effizienz zu beurteilen – und sie kombiniert zu betrachten. Der Vergleich von Werten vor der Einführung eines Newsrooms und nach der Einführung eines Newsrooms macht es zudem möglich, die Entwicklung der Effizienz abzuleiten. Anhand eines Vergleichs zu verschiedenen Zeitpunkten können Kommunikationsverantwortliche über die Effizienz des Newsrooms urteilen.

Das *Modell der Newsroomeffizienz* ist hilfreich, um die Effizienzsteigerung durch die Einführung eines Newsrooms zu erfassen. Dennoch stößt auch dieses Modell an eine Grenze, die PR-Praktiker und Controller schon seit Jahren kennen: Die Messung des externen Erfolgs (*Outflow*-Ebene des DPRG Modells) von Kommunikation ist mit diesem Instrument nicht umsetzbar. Gleichwohl aber legt das skizzierte Modell einen Grundstein hierfür, indem es zuvor nicht greifbare Wertschöpfungsfaktoren operationalisiert, die in der Folge in weiterführende, disziplinübergreifende Modelle eingebracht werden können. Auch für das Kommunikationscontrolling kann der Newsroom somit zur Erreichung der gleichen übergeordneten Ziele beitragen: der Beseitigung von Abteilungssilos, der Steigerung von Transparenz und der integrierten und effizienten Steuerung der Unternehmenskommunikation.

Literatur

AMEC (2012). Barcelona Declaration of Measurement Principles. Verfügbar unter: http://amecorg.com/2012/06/barcelona-declaration-of-measurement-principles/, abgerufen am 10.07.2014.
Besson, N. (2012). PR-Evaluation und Kommunikations-Controlling. Public Relations optimieren und steuern. Ein Handbuch für PR-Praktiker. Edingen-Neckarhausen: Dr. Besson Fachverlag.
Bryman, A. (2006). Integrating quantitative and qualitative research: how is it done?. Qualitative Research 6(1): S. 97-113.
Cantner, U., Krüger, J., & Hanusch, H. (2007). Produktivitäts- und Effizienzanalyse. Der nichtparametrische Ansatz. Berlin: Springer-Verlag.
Christoph, J. (2014). „KPIs in der Kommunikation – Mumpitz oder Wundermittel?". Verfügbar unter: http://www.mslgroup.de/blog/kpis-in-der-kommunikation/, abgerufen am 12.08.2014.
communicationcontrolling.de. (o. J. a). CommunicationControlCockpit (Rolke). Verfügbar unter: http://www.communicationcontrolling.de/methoden/integrierte-systeme/communication-control-cockpit.html, abgerufen am 19.06.2014.
communicationcontrolling.de. (o. J. b). Communications Value System (GPRA). Verfügbar unter: http://www.communicationcontrolling.de/methoden/integrierte-systeme/communications-value-system.html, abgerufen am 19.06.2014.
communicationcontrolling.de. (o. J. c). Index Interne Kommunikation (ICOM). Verfügbar unter: http://www.communicationcontrolling.de/methoden/integrierte-systeme/index-interne-kommunikation.html, abgerufen am 19.06.2014.
communicationcontrolling.de. (o. J. d). Corporate Information System (BrandControl). Verfügbar unter: http://www.communicationcontrolling.de/methoden/integrierte-systeme/communication-information-system.html, abgerufen am 19.06.2014.
Donaldson, L. (2001). The Contingency Theory of Organizations. SAGE Publications.
Ernst & Young (2011). Digital data opportunities: Using insight to drive value in the digital world. Verfügbar unter: http://www.ey.com/Publication/vwLUAssets/Digital_data_opportunities/$FILE/EY_Digital_data_opportunities.pdf, abgerufen am 16.06.2015.
Filzmoser, M. (2010). Organisation und Personal. Skript an der TU Wien, http://www.imw.tuwien.ac.at/fileadmin/t/imw/aw/staff/op_ws10.pdf..
Frese, E., Graumann, M., & Theuvsen, L. (2012). Grundlagen der Organisation. Entscheidungsorientiertes Konzept der Organisationsgestaltung (10. Ausg.). Wiesbaden: Gabler Verlag | Springer Fachmedien Wiesbaden GmbH 2012.
Harenburg, M. (2014). Matthias Harenburg über Kommunikations-Controlling bei Siemens. Verfügbar unter: http://prreport.de/themenpartnerschaft/detailansicht-patenschaft3/article/8465-dem-management-auf-augenhoehe-begegnen/ abgerufen, abgerufen am 10.07.2014.
Haumer, F. (2013). Der Wertschöpfungsbeitrag von Corporate Publishing (Dissertation an der TU Dresden, 2012). Wiesbaden: Springer Fachmedien.
Hillmer, D. H.-J. (2012). Aktuelle Schwerpunkte der Bilanzierungs- und Controllingpraxis – Bericht zum Bundeskongress der Bilanzbuchhalter und Controller 2012. Bilanzen im Mittelstand, S. 61-64.

Internationaler Controller Verein (2010). Controller Statements Grundlagen. Grundmodell für Kommunikations-Controlling. Ostfildern: Negenborn-Kommunikation.
Kugeler, M. (2000). Informationsmodellbasierte Organisationsgestaltung: Modellierungskonventionen und Referenzvorgehensmodell zur prozessorientierten Reorganisation. Berlin: Logos Verlag Berlin.
Kugeler, M., & Vieting, M. (2012). Gestaltung einer prozessorientiert(er)en Aufbauorganisation . In J. Becker, M. Kugeler, & M. Rosemann, Prozessmanagement. Ein Leitfaden zur prozessorientierten Organisationsgestaltung (S. 229-276). Berlin: Springer-Verlag.
Lautenbach, C. (2014). Kennzahlen für die Unternehmenskommunikation: Definition, Erfassung, Reporting. In A. Zerfaß, & M. Piwinger (Hrsg.), Handbuch Unternehmenskommunikation. Strategie – Management – Wertschöpfung (S. 887-902). Wiesbaden: Springer Fachmedien.
Laux, H., & Liermann, F. (1987). Grundlagen der Organisation. Berlin: Springer-Verlag.
LaValle, S., Lesser, E., Shockley, R., Hopkins, M., Kruschwitz, N. (2011). Big Data, Insights and the Path from Insights to Value. MIT Sloan Management Review 52(2): S.: 21-31.
Lee, G. (2010). Death of 'last click wins': Media attribution and the expanding use of media data. Journal of Direct, Data and Digital Marketing Practice 12: S. 16–26.
Luo, X, de Jong, P. (2012). Does Advertising Spending really work? The intermediate role of analysts in the impact of advertising on firm value. Journal of the Academy of Marketing Science 40(4): S. 605-624.
Magee, K. (2010). First global standard of proving value of PR created at European Summit on Measurement. Verfügbar unter: http://www.prweek.com/article/1010806/first-global-standard-proving-value-pr-created-european-summit-measurement, abgerufen am 10.07.2014.
McAfee, A., Brynjolfsson, E. (2012). Big Data: The Management Revolution. In: Harvard Business Review (10) S. 61-68.
Miebach, B. (2012). Organisationstheorie. Problemstellung – Modelle – Entwicklung. Wiesbaden: Springer Fachmedien.
Mödritscher, G. (2008). Customer Value Controlling: Hintergründe – Herausforderungen – Methode. Wiesbaden: Springer.
Moss, C. (1998). Die Organisation der Zeitungsredaktion. Wie sich journalistische Arbeit effizient koordinieren lässt. Opladen/Wiesbaden: Westdeutscher Verlag GmbH.
Pfannenberg, J. (August 2009). Dossier Nr. 2 – Die Balanced Scorecard im strategischen Kommunikations-Controlling. Verfügbar unter: http://www.communicationcontrolling.de/fileadmin/communicationcontrolling/pdf-dossiers/communicationcontrollingde_Dossier2_BSC_August2009.pdf abgerufen, abgerufen am 19.06.2014.
Pfannenberg, J. (2010). Das Modell des Unternehmens in der modernen Managementtheorie: Der Wertbeitrag von weichen Faktoren wird messbar. In J. Pfannenberg, & A. Zerfaß, Wertschöpfung durch Kommunikation. Kommunikations-Controlling in der Unternehmenspraxis (S. 16-27). Frankfurt am Main: F.A.Z.-Institut für Management-, Markt- und Medieninformationen.
Pfannenberg, J., & Zerfaß, A. (2004). Wertschöpfung durch Kommunikation. Thesenpapier zum strategischen Kommunikations-Controlling in Unternehmen und Institutionen. Verfügbar unter: http://www.communicationcontrolling.de/fileadmin/communicationcontrolling/pdf-fachbeitraege/DPRG-AK-Thesenpapier-2004.pdf, abgerufen am 22.06.2014.

Pfefferkorn, E. J. (2009). Kommunikationscontrolling in Verbindung mit Zielgrößen des Markenwertes. Eine methodische Herangehensweise und Prüfung an einem Fallbeispiel. Wiesbaden: Gabler | GWV Fachverlage GmbH.
Pollmann, R. & Sass, J. (März 2011). Dossier Nr. 5 – Reporting im Kommunikations-Controlling. Verfügbar unter: http://www.communicationcontrolling.de/fileadmin/communicationcontrolling/pdf-dossiers/communicationcontrollingde_Dossier5_Reporting_Mar2011.pdf, abgerufen am 22.06.2014.
Porter, M. E. (2014). Wettbewerbsvorteile: Spitzenleistungen erreichen und behaupten. Frankfurt/Main: Campus Verlag.
PR Report (2010). Mehr als ein Anzeigenäquivalent. Verfügbar unter: http://prreport.de/home/aktuell/news-public/article/3051-mehr-als-ein-anzeigenaequivalent/, abgerufen am 22.06.2014.
PR Report (o. J.). Glossar. Stichwort: Kommunikations-Controlling. Verfügbar unter: http://prreport.de/expertise/glossar/begriffe/kommunikations-controlling/ abgerufen, abgerufen am 15.06.2014.
Rappaport, A. (1986). Creating shareholder value: the new standard for business performance. New York, NY: Free Press.
Rolke, L., & Zerfaß, A. (2014). Erfolgsmessung und Controlling der Unternehmenskommunikation: Wertbeitrag, Bezugsrahmen und Vorgehensweise. In A. Zerfaß, & M. Piwinger (Hrsg.), Handbuch Unternehmenskommunikation. Strategie – Management – Wertschöpfung (S. 863-885). Wiesbaden: Springer Fachmedien.
Schuppener, B., Hering, R., & Sommerhalder, M. (2004). Die Communication Scorecard. Bern: Haupt Verlag.
Schwarz, J. (2013). Messung und Steuerung der Kommunikations-Effizienz. Eine theoretische und empirische Analyse durch den Einsatz der Data Envelopment Analysis. (Dissertation an der Universität Basel). Wiesbaden: Springer Fachmedien.
Springer Gabler Verlag. (o. J. a). Stichwort: Organisatorische Effizienz. Verfügbar unter: http://wirtschaftslexikon.gabler.de/Archiv/3828/organisatorische-effizienz-v10.html, abgerufen am 19.06.2014.
Springer Gabler Verlag. (o. J. b). Stichwort: Balanced Scorecard. Verfügbar unter: http://wirtschaftslexikon.gabler.de/Definition/balanced-scorecard.html, abgerufen am 19.06.2014.
Stöber, R. (2014). Effizienzvorteile und ihre Grenzen: Wie sich Medienwandel erklärt. In K. Beck, C. Eilders, C. Holtz-Bacha, & A. Kutsch (Hrsg.), Publizistik. Vierteljahreshefte für Kommunikationsforschung (Heft 2, 59. Ausg., S. 179-197). Wiesbaden: Springer VS | Springer Fachmedien Wiesbaden GmbH.
Storck, C., Schmidt, W., & Liehr, K. (2010). Kommunikations-Controlling. Strategische Steuerung der Kommunikation in und von Unternehmen. PR Report Sonderveröffentlichung Hering Schuppener, 12 Seiten.
Storcks, C. (2014). Christopher Storcks Bilanz zu den „Barcelona Principles". Verfügbar unter: http://prreport.de/themenpartnerschaft/detailansicht-patenschaft3/article/8555-ich-kann-keinen-nennenswerten-effekt-erkennen/, abgerufen am 10.07.2014.
Thom, N., & Ritz, A. (2008). Public Management. Innovative Konzepte zur Führung im öffentlichen Sektor. Wiesbaden: Betriebswirtschaftlicher Verlag Dr. Th. Gabler | GWV Fachverlage GmbH.
Thom, N., & Wenger, A. P. (2010). Die optimale Organisationsform. Grundlagen und Handlungsanleitung. Wiesbaden: Gabler Verlag | Springer Fachmedien Wiesbaden GmbH.

trommsdorff + drüner (2015). Driving organizational change through data – Projects. Verfügbar unter: http://www.td-berlin.com/work/projects/, abgerufen am 16.06.2015.

Zerfaß, A. (2004). Die Corporate Communications Scorecard – Kennzahlensystem, Optimierungstool oder strategisches Steuerungsinstrument? Verfügbar unter: http://www.communicationcontrolling.de/fileadmin/communicationcontrolling/pdf-fachbeitraege/Zerfass-CCS-April2004.pdf (Einzelbeiträge; Beitrag erschien bei PR Portal), abgerufen am 30.06.2014.

Zerfaß, A. (2010). Controlling und Kommunikations-Controlling aus Sicht der Unternehmensführung: Grundlagen und Anwendungsbereiche. In J. Pfannenberg, & A. Zerfaß, Wertschöpfung durch Kommunikation. Kommunikations-Controlling in der Unternehmenspraxis (S. 28-49). Frankfurt am Main: F.A.Z.-Institut für Management-, Markt- und Medieninformationen.

Die Verbreitung von Newsrooms in der Praxis: Eine empirische Untersuchung 5

Mona Sadrowski

Während Newsrooms in der Journalismusforschung bereits seit einigen Jahren untersucht werden, stellen sie für die Unternehmenskommunikation (UK) eine recht neue und vor allem noch unerforschte Organisationsform dar. Der vorliegende Beitrag versucht, die bestehende Forschungslücke zu schließen und herauszufinden, wie das Newsroom-Konzept derzeit Anwendung in deutschen Kommunikationsabteilungen findet (Sadrowski 2015).[1] Dazu wurde eine quantitative Onlinebefragung in den UK-Abteilungen von 74 der – am Umsatz gemessen – größten deutschen Unternehmen durchgeführt. Mit dieser wurden die jeweiligen Organisationsstrukturen, das Verständnis des Newsroom-Begriffs und die Verbreitung jener Organisationsform erhoben.

5.1 Untersuchungsdesign

Die tatsächliche Anwendung des Newsroom-Konzepts sollte mit einer standardisierten Onlinebefragung unter deutschen Unternehmen untersucht werden. Die bisher erschienenen Artikel zu Newsrooms lassen annehmen, dass diese Organisationsform vor allem für große Unternehmen sinnvoll ist. Aus diesem Grund sollte die Stichprobe vor allem große Unternehmen einschließen.

Die Zeitung *Die Welt* veröffentlicht jährlich eine Liste der – gemessen am Umsatz – 500 größten Unternehmen, 50 größten Banken und 30 größten Versicherungen Deutschlands. Die zum Zeitpunkt der Erhebung aktuelle Liste war jene für das Jahr 2013 (Die Welt 2013). Diese wurde als Grundlage für die Stichprobenziehung

---

[1] Die vorliegende Untersuchung sowie ein Teil aus Kapitel 2 entstammen der Abschlussarbeit von Mona Sadrowski an der Universität Mainz (Sadrowski 2015).

gewählt. Da eine Befragung unter allen Objekten jener Liste im Rahmen dieser Arbeit aus forschungsökonomischen Gründen nicht realisierbar war, wurden die 200 größten Unternehmen sowie jeweils die zehn größten Banken und Versicherungen als Stichprobe ausgewählt. Wenn also nachfolgend im Rahmen der Stichprobenbeschreibung oder Ergebnisse von Unternehmen geschrieben wird, umfasst dies auch die zehn Banken und Versicherungen. Die Stichprobe musste zunächst bereinigt werden, da teilweise neben einem Konzern auch dessen Subunternehmen aufgeführt waren. Dies wurde als problematisch erachtet, da die Kommunikation jener Subunternehmen vielfach durch die Kommunikationsabteilung auf Konzernebene koordiniert wird und wenn überhaupt lediglich kleinere Pressestellen auf Ebene der Subunternehmen verortet sind. Der Einheitlichkeit wegen wurden alle Subunternehmen, bei denen auch der Konzern in der Liste aufgeführt war, aus der Stichprobe ausgeschlossen. Nach der Bereinigung enthielt diese 184 Unternehmen.

Mithilfe eines standardisierten Onlinefragebogens sollte herausgefunden werden, ob sich Newsroom-typische Strukturen in den Kommunikationsabteilungen identifizieren lassen, ob die Praktiker den Begriff Newsroom kennen, was sie unter diesem verstehen und wie viele Newsrooms bisher bewusst eingeführt wurden. Weiterhin wurden die Ziele, die mit der Einführung jener Organisationsform erreicht werden sollen, ermittelt.

Die Hauptuntersuchung fand vom 26. Januar bis 26. März 2015 statt. Insgesamt beendeten 74 der 184 kontaktierten Unternehmen den Onlinefragebogen, was einer Rücklaufquote von etwas mehr als 40 Prozent entspricht. 20 Unternehmen teilten mit, dass sie aus Kapazitätsgründen generell nicht an Befragungen teilnehmen und baten um Verständnis. Von 90 Unternehmen kam keine Rückmeldung. Die Rücklaufquote mag zwar zunächst recht niedrig erscheinen, ist allerdings in Anbetracht der gewählten Stichprobe äußerst zufriedenstellend, da sich die Teilnehmerakquise bei Unternehmensbefragungen aufgrund situationsbezogener Gründe wie Zeitmangel oder einer hohen Anzahl von Anfragen oft anspruchsvoll gestaltet (Scholl 2015: 228f.). Zudem wird andernorts bereits ein wesentlich niedrigerer Rücklauf als zufriedenstellend eingestuft (Kirchgeorg & Günther 2006).

Im genannten Zeitraum wurde jeweils ein Mitarbeiter der 184 Kommunikationsabteilungen via E-Mail, Telefon oder Privatnachricht bei den Karrierenetzwerken *Xing* und *LinkedIn* kontaktiert. Die Teilnehmerakquise über Alumni-Gruppen (MedienAlumni Münster e.V. und Alumni-Stiftung der Mainzer Publizisten) stellte sich dabei als besonders erfolgreich heraus. Es wurde versucht, Mitarbeiter mit einer möglichst hohen Position innerhalb der Abteilung zu rekrutieren. Diese wurden via Nachricht oder E-Mail mit dem Link zur Onlinebefragung sowie einem Hinweis zum Thema der Arbeit kontaktiert. Etwa zwei Wochen nach dem Erstkontakt mit einem Unternehmen wurde eine freundliche Erinnerungsemail verschickt, in welcher erneut um die Teilnahme an der Studie gebeten wurde. Aufgrund der Anonymität war nur begrenzt nachvollziehbar, welche Unternehmen bereits an der Befragung teilgenommen hatten. Lediglich die Unternehmen, welche via E-Mail die Studienergebnisse anfragten, wurden im Rahmen der Erinnerungsphase nicht erneut kontaktiert. Bei diesen war davon auszugehen, dass sie auf das im Abschlusstext des Fragebogens enthaltene Angebot der Zusendung der Studienergebnisse reagierten und diesen folglich zuvor bis zum Ende ausgefüllt hatten.

Für die Beantwortung der im zweiten Frageblock aufgeführten forschungsleitenden Fragen wurden die erhobenen Daten mit der Datenauswertungssoftware SPSS ausgewertet. Das Alter der Mitarbeiter, die an der Onlinebefragung teilgenommen haben, reichte von 25 bis 58 Jahren (Ø 40 Jahre, n=70, fehlende Werte=4). Die Geschlechterverteilung lag bei 67 Prozent (n=49) männlichen und entsprechend 33 Prozent (n=25) weiblichen Teilnehmern. Es nahmen 22 Leiter der Unternehmenskommunikation, 20 Mitarbeiter mit Personalverantwortung sowie 32 operative Beschäftigte teil. Das Verhältnis zwischen kleinen (< oder =10 Mitarbeiter), mittelgroßen (11-20 Mitarbeiter) und großen (>20 Mitarbeiter) Abteilungen war recht ausgewogen. So sind 26 der Teilnehmer in kleinen, 21 in mittelgroßen und 27 in großen Kommunikationsabteilungen angestellt. Die durchschnittliche Bearbeitungszeit der Befragung lag bei knapp sieben Minuten.

5.2 Ergebnisse der Onlinebefragung

Nun sollen die Ergebnisse der Onlinebefragung dargestellt werden. Dabei wird zunächst der erste Befragungsabschnitt zu Newsroom-typischen Organisationsstrukturen deskriptiv ausgewertet sowie eine auf diesen basierende Typenbildung vorgenommen. Im Anschluss werden die Ergebnisse des zweiten Befragungsabschnitts zum Verständnis und der Verbreitung selbsternannter Newsrooms vorgestellt sowie ein Zusammenhang zwischen eben diesen und der zuvor entwickelten Typologie untersucht.

Zunächst wurden die Organisationsstrukturen aller teilnehmenden Abteilungen erhoben. Bei der ersten Frage wurden die Teilnehmer nach den offiziellen Bezeichnungen der Untereinheiten ihrer Kommunikationsabteilungen gefragt. Jene Frage war offen gestellt, und erst im Nachhinein wurden zwecks besserer Vergleichbarkeit induktive Kategorien auf Grundlage der gegebenen Antworten gebildet. Von den 74 Teilnehmern gaben vier keine Auskunft über jene Untereinheiten. Zudem haben 14 Prozent der Kommunikationsabteilungen laut Angabe der jeweiligen Mitarbeiter keine Untereinheiten (n=10). Es fiel auf, dass die Untereinheiten vielfach nicht entweder, sondern gleichzeitig nach Kanälen, Zielgruppen und Themen benannt sind. Aus diesem Grund erwies sich die Bildung besagter drei Kategorien allein als unzureichend. Stattdessen wurden auch vier Hybrid-Kategorien (beispielsweise Mischung *Zielgruppen und Kanäle*) gebildet, durch welche schließlich die Antworten aller Teilnehmer adäquat abgebildet werden konnten. Am häufigsten sind die Kommunikationsabteilungen gleichzeitig nach Zielgruppen und Kanälen unterteilt (31 Prozent, n=22), gefolgt von einer Mischung aller drei Kategorien (21 Prozent, n=15) sowie einer Unterteilung nach Zielgruppen und Themen (14 Prozent, n=10). Eine reine Strukturierung nach Themen liegt nur in einem Fall vor. Abbildung 5.1 gibt einen Überblick über alle induktiv gebildeten Kategorien sowie die jeweiligen Häufigkeiten.

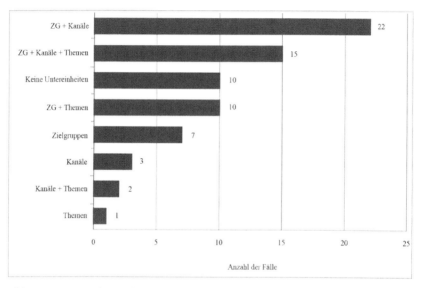

Abb. 5.1 Untereinheiten der UK-Abteilung (n=70; Angaben in absoluten Zahlen; eigene Darstellung)

Anschließend wurde die räumliche Situation der Kommunikationsabteilungen erfragt. Ein Großteil der Befragten wählte die Antwortmöglichkeit *Getrennte Räume auf einer Etage* (43 Prozent, n=32). Weitere 28 Prozent gaben an, in einem *Großraumbüro für alle Mitarbeiter der UK* zu arbeiten (n=21). In 19 Prozent der Fälle (n=14) sind die *Untereinheiten der UK-Abteilungen in getrennten Räumen auf verschiedenen Etagen* angeordnet und bei 10 Prozent (n=7) auf *verschiedene Gebäude* verteilt. Hinsichtlich der Spezialisierung der Mitarbeiter wurden die Teilnehmer gefragt, nach welchem Aspekt sich die Zuständigkeiten in ihrer Abteilung am ehesten ausrichten würden. 42 Prozent der Befragten (n=31) wählten die Antwortmöglichkeit *Zielgruppen*. Die Verteilung zwischen UK-Abteilungen mit Spezialisierung auf *Kanäle* (30 Prozent, n=22) und *Themen* (28 Prozent, n=21) war nahezu gleich.

Die Teilnehmer sollten weiterhin angeben, wie häufig Meetings zur Besprechung der Nachrichtenlage in ihrer Abteilung stattfinden würden. Die Hälfte der Abteilungen (n=37) halten ein- oder mehrmals täglich ein Meeting zur Besprechung der aktuellen Nachrichtenlage ab. Knapp 15 Prozent der Befragten (n=11) gaben an, dass derartige Meetings zwei-bis viermal pro Woche stattfinden, bei 27 Prozent der UK-Abteilungen (n=20) kommt es einmal pro Woche zur Besprechung der aktuellen Nachrichtenlage. Abbildung 5.2 soll diese Verteilung nochmals veranschaulichen.

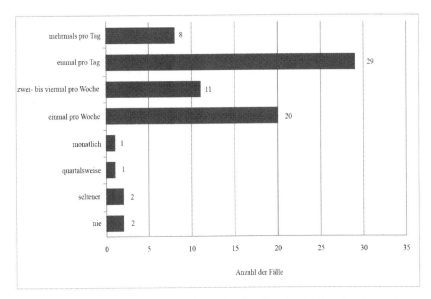

Abb. 5.2 Meetings zur Besprechung der Nachrichtenlage (N=74; Angaben in absoluten Zahlen; eigene Darstellung)

Selbige Antwortmöglichkeiten standen den Teilnehmern bei den Fragen nach der Häufigkeit von Meetings zur Abstimmung von Zuständigkeiten sowie denen zur strategischen Ausrichtung der Unternehmenskommunikation zur Wahl. In mehr als der Hälfte der Abteilungen finden Erstgenannte einmal pro Woche oder häufiger statt (58 Prozent, n=43). Gleichzeitig gaben aber auch knapp 30 Prozent der Befragten (n=22) an, sich nur quartalsweise oder seltener im Rahmen spezieller Meetings hinsichtlich der Zuständigkeiten abzusprechen. In den restlichen 12 Prozent der UK-Abteilungen (n=9) finden solche Meetings monatlich statt. Zu strategischen Meetings zwecks langfristiger Ausrichtung der UK kommt es in 32 Prozent der Abteilungen (n=24) quartalsweise und in 38 Prozent (n=28) seltener als quartalsweise. 22 Prozent der Teilnehmer (n=16) gaben an, dass jene Meetings monatlich abgehalten werden und die restlichen 8 Prozent der Teilnehmer (n=6) setzen sich sogar einmal pro Woche mit der strategischen Ausrichtung auseinander.

Über eine weitere Frage wurde erhoben, wie transparent der Umgang mit Informationen über Zuständigkeiten ist. 45 Prozent der Teilnehmer (n=33) gaben an, dass ein Großteil der Mitarbeiter einen vollständigen Überblick über die Zuständigkeiten innerhalb ihrer Abteilung habe. Weiteren 22 Prozent (n=16) zufolge verfügen sogar alle Mitarbeiter über jenen Überblick über Zuständigkeiten. Abbildung 5.3 zeigt die restliche Verteilung der Häufigkeiten bei der Frage nach der Transparenz.

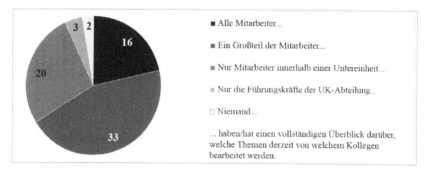

Abb. 5.3 Transparente Kommunikation der Zuständigkeiten (N=74; Angaben in absoluten Zahlen; eigene Darstellung)

Bei dieser Frage wurde eine Verzerrung durch die unterschiedlichen Positionen der Befragten befürchtet, da UK-Leiter den Grad der Transparenz womöglich anders als die operativen Mitarbeiter einschätzen. Tatsächlich waren unter den 16 Teilnehmern, welche die Antwortmöglichkeit *Alle haben vollständigen Überblick über die Zuständigkeiten* auswählten, elf UK-Leiter, ein Mitarbeiter mit Personalverantwortung und drei operative Mitarbeiter. Allerdings verteilten sich die restlichen Häufigkeiten so, dass der Chi^2-Test und die Berechnung des Kontingenzkoeffizienten keinen signifikanten Zusammenhang zwischen der Position der Teilnehmer und ihrer Einschätzung der Transparenz bestätigten.

Bezüglich verwendeter Hilfsmittel gaben knapp drei Viertel der Teilnehmer (n=55) an, dass in ihren Abteilungen ein Redaktionsplan genutzt werde. Zudem werden in mehr als der Hälfte der befragten Abteilungen (n=40) technische Hilfsmittel zur transparenten Darstellung von Zuständigkeiten sowie der Bereitstellung zuvor recherchierten Materials genutzt.

5.3 Typologie der Newsroom-Integration

Mit der bisherigen deskriptiven Auswertung der Fragen zu Organisationsstrukturen lässt sich noch keine Aussage über die Verbreitung von Newsroom-typischen Strukturen in deutschen Kommunikationsabteilungen treffen. So machen wöchentliche Meetings zur Besprechung der Zuständigkeiten allein ebenso wenig wie das Vorhandensein eines Redaktionsplans aus einer Abteilung einen Newsroom. Hingegen lässt sich im Falle der Existenz aller oder zumindest einer Vielzahl der typischen Strukturen von einer Abteilung mit Newsroom sprechen. Um die forschungsleitende Frage nach der Verbreitung Newsroom-typischer Strukturen zu beantworten, soll daher eine Typologie entwickelt werden, welche eine Einstufung der Abteilungen auf Basis der Anzahl jener Strukturen möglich macht.

Bei der durch den Fragebogen vorgegebenen Datenstruktur erwies sich eine Typenbildung nach Collier und Levitsky (1997) als dem Forschungsinteresse dienlich. Bei diesem Vorgehen wird durch einen Index nachvollziehbar, wie viele Merkmale bei einer UK-Abteilung ausgeprägt sein müssen, damit diese einem bestimmten Typ zugeordnet werden kann. Eine solche Typenbildung kann nur vorgenommen werden, wenn eindeutig festgestellt werden kann, ob ein Merkmal ausgeprägt oder nicht ausgeprägt ist. Man spricht daher von einer „binären Realitätsannahme" (Lauth 2009: 155) oder von „dichotomen Typologien" (ebd.: 157).

Bei der hier vorgenommenen Typenbildung werden die Antworten auf die neun Fragen, mit welchen die Organisationsstrukturen der befragten Abteilungen erhoben wurden, als relevante Merkmalskategorien erachtet. Auf Basis der im Rahmen von Experteninterviews[2] erzielten Erkenntnisse zum Newsroom-Konzept ist es möglich, bei diesen jeweils zu bestimmen, welche Antwortmöglichkeiten Newsroom-typischen Strukturen entsprechen und welche nicht. Demnach lässt sich eine für die beschriebene Typenbildung notwendige Dichotomisierung der Antworten in die Ausprägungen *Newsroom-typisch* und *Nicht Newsroom-typisch* vornehmen. Einer strengen Auslegung zufolge wären bezüglich der Untereinheiten lediglich die Antworten *Themen* sowie *Themen und Kanäle* als *Newsroom-typisch* einzustufen. Allerdings würden nur drei Fälle dieser strengen Auslegung entsprechen. Hier soll berücksichtigt werden, dass das Aufbrechen bestehender Untereinheiten einer Kommunikationsabteilung mit vergleichsweise tiefgreifenden Veränderungen einhergeht. Daher ist anzunehmen, dass eine solche Umstrukturierung womöglich schrittweise vorgenommen wird. Aus diesem Grund wurde bei der Dichotomisierung der Antworten dieser Frage bereits die Koexistenz von Themenyteams neben anderen Untereinheiten als *Newsroom-typisch* eingestuft.

Die Relevanzstrukturen der Experten zeigten, dass es Unterschiede in der Bedeutung der neun Organisationsstrukturen für das Newsroom-Konzept gibt. Indikator für eine hohe Relevanz der jeweiligen Struktur ist zum einen, wie häufig diese in den einzelnen Interviews Erwähnung fand und zum anderen, wie viele der Experten diese Struktur überhaupt als *Newsroom-typisch* bezeichnet haben. Um diese Relevanzstrukturen bei der Typenbildung zu berücksichtigen, wurde eine Unterscheidung in obligatorische und fakultative Merkmale vorgenommen. Die fünf obligatorischen Merkmale eines Newsrooms sind eine starke Themenorientierung, entsprechend dieser gebildete Untereinheiten der Kommunikationsabteilung, ein hohes Maß an Transparenz, eine tägliche Besprechung der Nachrichtenlage und die räumlichen Integration aller Untereinheiten. Alle weiteren Merkmale sind zwar auch *Newsroom-typisch*, jedoch würde ihre alleinige Existenz nicht ausreichen, um von einer UK-Abteilung mit Newsroom zu sprechen. Tabelle 5.1 veranschaulicht, welche Organisationsstrukturen als obligatorisch und welche als fakultativ eingestuft wurden. Weiterhin zeigt sie, welche Antworten bei der Dichotomisierung als *Newsroom-typisch* bewertet wurden. Alle anderen Antwortmöglichkeiten wurden dementsprechend als *Nicht Newsroom-typisch* eingestuft.

---

2 Im Rahmen der besagten Abschlussarbeit (Sadrowski 2015) wurden vor der Onlinebefragung fünf Experteninterviews durchgeführt, auf Basis welcher der Idealtyp eines Newsrooms für UK-Abteilungen abgeleitet wurde. Dieser wurde als Grundlage für die anschließende Onlinebefragung eingesetzt.

5 Die Verbreitung von Newsrooms in der Praxis

Tab. 5.1 Antworten, die eine Newsroom-typische Struktur signalisieren (eigene Darstellung)

Frage	Newsroom-typische Antworten
Obligatorische Merkmale	
Untereinheiten	Themen ODER Themen und Kanäle ODER Themen und Zielgruppen ODER Mischung von allen dreien
Räumliche Organisation	Großraumbüro
Ausrichtung der Zuständigkeiten	Themen
Meetings Nachrichtenlage	Mehrmals pro Tag ODER Einmal pro Tag
Transparenz	Alle Mitarbeiter... ODER Ein Großteil der Mitarbeiter haben/hat einen vollständigen Überblick darüber, welche Themen derzeit von welchem Kollegen bearbeitet werden.
Fakultative Merkmale	
Meetings Zuständigkeiten	Mehrmals pro Tag ODER Einmal pro Tag ODER Zwei- bis viermal pro Woche ODER Einmal pro Woche
Strategische Meetings	Mehrmals pro Tag ODER Einmal pro Tag ODER Zwei- bis viermal pro Woche ODER Einmal pro Woche ODER Monatlich
Hilfsmittel Redaktionsplan	Ja
Technische Hilfsmittel	Ja

Beim Idealtyp einer UK-Abteilung mit Newsroom wären ausnahmslos alle Antworten als *Newsroom-typisch* einzustufen. Ein solcher Idealtyp ist wie erwartet bei keinem der untersuchten Fälle vorzufinden. Da die hier vorgenommene Typenbildung darauf abzielt, Realtypen zu identifizieren, wurde die Existenz von fünf oder vier der obligatorischen Merkmale als ausreichendes Kriterium für eine Zuordnung zum Grundtyp bewertet. Um die Bildung von *diminished subtypes* nach Collier und Levitsky intersubjektiv nachvollziehbar zu gestalten, gilt es zu bestimmen, welche Indexwerte welchem Typ entsprechen (Lauth 2009: 169). Diese Zuordnung ist in Tabelle 5.2 aufgeführt.

Tab. 5.2 Zuordnung Index und Typ der Newsroom-Integration. Der Begriff Newsroom-Integration steht hier zwecks besserer Lesbarkeit der Typenbezeichnungen für Integration Newsroom-typischer Strukturen (eigene Darstellung)

Indexwert	Typen der Newsroom-Integration
4 bis 5	Typ 1 - UK-Abteilung mit fortgeschrittener Newsroom-Integration
3	Typ 2 - UK-Abteilung mit mäßig fortgeschrittener Newsroom-Integration
1 bis 2	Typ 3 - UK-Abteilung mit geringer Newsroom-Integration
0	Typ 4 - UK-Abteilung ohne Newsroom-Integration

Auf Basis der hier definierten Indexwerte ließen sich die 74 Kommunikationsabteilungen, die an der Onlinebefragung teilgenommen haben, jeweils zu einem der genannten Typen zuordnen. Ein Großteil entspricht dem Typ 3 (60 Prozent, n=44). Weitere 24 Prozent (n=18) lassen sich Typ 2 und 10 Prozent (n=7) Typ 1 zuordnen. Abbildung 5.4 veranschaulicht die Verteilung der Kommunikationsabteilungen auf die jeweiligen Typen der Newsroom-Integration.

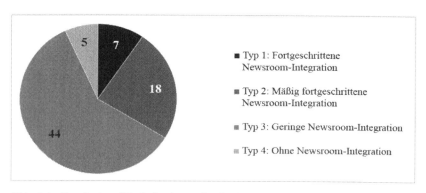

Abb. 5.4 Typologie auf Basis des Ausmaßes der Integration Newsroom-typischer Strukturen (N=74; Angaben in absoluten Zahlen; eigene Darstellung)

Gleichwohl ihre Bedeutung für das Newsroom-Konzept als geringer eingestuft wird, werden die erhobenen, fakultativen Merkmale bei der Typenbildung nicht außer Acht gelassen. Stattdessen berücksichtigt die folgende Typenbeschreibung die Ausprägung jener Merkmale in den jeweiligen Gruppen.

Typ 1: UK-Abteilung mit fortgeschrittener Newsroom-Integration

Bei diesem Typ konnte maximal ein obligatorisches Merkmal des Newsrooms nicht identifiziert werden. Dies ist bei vier der sieben Abteilungen, die diesem Typ zugeordnet wurden, das Fehlen von Thementeams bei den gebildeten Untereinheiten. Hingegen arbeiten alle Mitarbeiter von Abteilungen dieses Typs in einem Großraumbüro. Bei den restlichen drei obligatorischen Merkmalen konnte jeweils bei einer Kommunikationsabteilung die damit verbundene *Newsroom-typische* Organisationsstruktur nicht identifiziert werden. Auch bei zwei der vier fakultativen Merkmale bestätigt sich das vergleichsweise hohe Ausmaß der Integration besagter Strukturen. So haben sechs der sieben Abteilungen einen Redaktionsplan und fünf mindestens einmal pro Woche Meetings zur Besprechung der Zuständigkeiten. Allerdings finden nur in zwei Fällen regelmäßige strategische Meetings statt und nur in vier Abteilungen werden technische Hilfsmittel eingesetzt, um die Transparenz zu erhöhen und recherchiertes Material für alle zur Verfügung zu stellen.

Typ 2: UK-Abteilung mit mäßig fortgeschrittener Newsroom-Integration

Bei diesem Typ sind zwei der fünf obligatorischen Merkmale des Newsrooms nicht ausgeprägt. Es ist auffällig, dass bei allen 18 UK-Abteilungen dieses Typs die für Newsrooms typische Transparenz über Zuständigkeiten zwischen allen oder mindestens einem Großteil der Mitarbeiter gegeben ist. Allerdings sind hier knapp drei Viertel der Abteilungen (n=13) nicht im Großraumbüro organisiert und zwei Drittel (n=11) nicht auf Themen spezialisiert. Hingegen findet bei einem Großteil der Fälle eine tägliche Besprechung der Nachrichtenlage statt (n=14). Der Blick auf die fakultativen Merkmale zeigt, dass 15 der 18 Abteilungen dieses Typs einen Redaktionsplan haben. Jeweils bei etwas mehr als zwei Drittel der Fälle wird durch technische Hilfsmittel sowie wöchentliche Meetings die Transparenz über Zuständigkeiten erhöht. Allerdings finden nur bei drei der 18 UK-Abteilungen regelmäßige strategische Meetings statt.

Typ 3: UK-Abteilung mit geringer Newsroom-Integration

Diesem Typ wurde ein Großteil der Kommunikationsabteilungen (60 Prozent, n=44) zugeordnet. Bei jenen lassen sich lediglich ein oder zwei der obligatorischen Merkmale identifizieren und dementsprechend gering ist das Ausmaß der Integration *Newsroom-typischer* Strukturen zu bewerten. Jeweils rund 80 Prozent der Abteilungen dieses Typs haben kein Großraumbüro (n=35) und sind nicht thematisch spezialisiert (n=36). Auch die tägliche Besprechung der Nachrichtenlage sowie Thementeams bei den Untereinheiten ließen sich nur bei etwas mehr als einem Drittel der Abteilungen finden. Betrachtet man die fakultativen Merkmale, so fällt auf, dass diese jeweils ungefähr bei der gleichen Zahl der Fälle vorliegen oder nicht vorliegen. So nutzt die Hälfte der Abteilungen, die diesem Typ zugeordnet wurden, technische Hilfsmittel zur Unterstützung bei der Themenplanung und Schaffung von Transparenz (n=22). Weiterhin finden bei 52 Prozent mindestens einmal wöchentlich Meetings zur Bestimmung der Zuständigkeiten statt (n=23).

Typ 4: UK-Abteilung ohne Newsroom-Integration

Die Kommunikationsabteilungen, die diesem Typ zugeordnet wurden, verfügen über keines der obligatorischen Merkmale des Newsrooms. Hingegen sind einige der fakultativen Merkmale bei den fünf Abteilungen dieses Typs vorzufinden. So wird in vier der fünf Fälle ein Redaktionsplan zum Verschaffen eines Überblicks über relevante Themen eingesetzt. Weiterhin finden in drei dieser Abteilungen mindestens einmal wöchentlich Meetings zur Besprechung der Zuständigkeiten statt. Wie zuvor erläutert, reicht das Vorhandensein einiger fakultativer Merkmale jedoch nicht aus, um von einer UK-Abteilung mit Grundstrukturen des Newsroom-Konzepts zu sprechen.

Die hier beschriebenen Typen ermöglichen eine Beantwortung der Frage nach der Verbreitung *Newsroom-typischer* Strukturen, welche ergänzend zur deskriptiven Auswertung nun auch die Existenz mehrerer dieser Strukturen innerhalb der einzelnen Fälle untersucht. In 34 Prozent der Kommunikationsabteilungen (n=25) wurden drei oder mehr obligatorische Merkmale des Newsrooms identifiziert. Jedoch sind bei keinem jener Fälle alle fünf obligatorischen Merkmale erfüllt. Selbst bei Abteilungen, bei denen vier dieser Merkmale identifiziert wurden, sind jeweils eine oder mehrere der fakultativen Kategorien nicht erfüllt. Dies zeigt, dass zwar häufig einzelne *Newsroom-typische* Strukturen vorzufinden sind, aber gleichzeitig keine Abteilung annähernd entsprechend des durch die Experteninterviews entwickelten Idealtyps des Newsrooms organisiert ist.

5.4 Kenntnis und Einsatz des Newsroom-Konzepts

Nach der Erhebung der Organisationsstrukturen wurden die Teilnehmer gefragt, ob sie das Newsroom-Konzept kennen und was sie darunter verstehen. Die Ergebnisse dieser beiden Fragen ermöglichen eine Beantwortung der forschungsleitenden Frage nach Kenntnis und Verständnis des Newsroom-Begriffs. 82 Prozent (n=61) der Teilnehmer gaben an, das Newsroom-Konzept zu kennen. Dementsprechend verneinen 18 Prozent (n=13) jene Frage. Um zu überprüfen, ob die Position des

5 Die Verbreitung von Newsrooms in der Praxis

Teilnehmers oder die Größe der Kommunikationsabteilung bei dieser Frage zu Verzerrungen geführt hat, wurden auch hier ein Chi^2-Test und die Berechnung des Kontingenzkoeffizienten durchgeführt. Es wurden keine signifikanten Zusammenhänge nachgewiesen, weshalb nicht von derartigen Verzerrungen auszugehen ist.

Der zweite Aspekt der besagten forschungsleitenden Frage bezieht sich auf das Verständnis des Begriffs. Alle Teilnehmer, die angaben, das Newsroom-Konzept zu kennen, wurden daher anschließend nach den zentralen Charakteristika jener Organisationsform gefragt. Es bestand die Möglichkeit, Mehrfachantworten zu geben. Die vier am häufigsten ausgewählten Charakteristika waren die stärkere inhaltliche und zeitliche Abstimmung aller Kommunikationsmaßnahmen (79 Prozent, n=48), die organisatorische Ausrichtung an Themen (71 Prozent, n=43), die Transparenz über Zuständigkeiten innerhalb der ganzen Unternehmenskommunikation (51 Prozent, n=31) und die räumliche Integration aller Untereinheiten (46 Prozent, n=28). Von den fünf Befragten, welche *Sonstiges* als Antwort auswählten, nannten drei jeweils einen Vorteil, den sie mit Newsrooms verbinden. Eine dieser fünf Personen gab an, dass der Prozess auf Stakeholder statt Kanäle ausgerichtet sei. Ein weiterer Teilnehmer nannte Channel- und Zielgruppen-übergreifende Zusammenarbeit als Eigenschaft des Newsrooms. Abbildung 5.5 zeigt die Verteilung der Häufigkeiten bei allen Charakteristika, die zur Wahl standen.

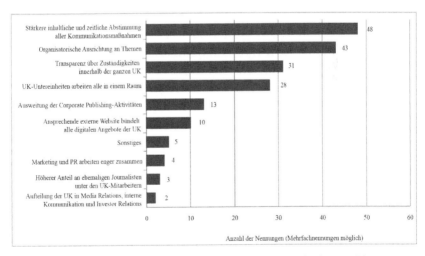

Abb. 5.5 Charakteristika des Newsrooms (n=61; Angaben in absoluten Zahlen; eigene Darstellung).

Eine weitere forschungsleitende Frage zielte auf die Verbreitung des bewussten Einsatzes des Newsroom-Konzepts in UK-Abteilungen sowie das tatsächliche Vorhandensein Newsroom-typischer Strukturen in eben diesen ab. Daher wurden alle Teilnehmer, die angaben das Newsroom-Konzept zu kennen (n=61), im Anschluss auch gefragt, ob ihre Kommunikationsabteilung entsprechend dieses Konzepts organisiert sei. 26 Prozent dieser Teilnehmer (n=16) bejahten jene Frage. Die gleiche Anzahl an Befragten gab an, dass die Einführung eines Newsrooms in Erwägung gezogen werde. Die restlichen 48 Prozent der Mitarbeiter verneinten die Frage (n=29). Die Ergebnisse der Experteninterviews sowie der bisherige Literaturstand ließen vermuten, dass ein Zusammenhang zwischen der Newsroom-Einführung und der Größe der Abteilung besteht. Der Chi^2-Test und die Berechnung des Kontingenzkoeffizienten zeigten jedoch, dass jener Zusammenhang bei den untersuchten Abteilungen zumindest in dieser Stichprobe nicht vorliegt. Dies ließ bereits die Häufigkeitsverteilung annehmen, da von den 16 Fällen mit Newsroom vier einer kleinen und jeweils sechs einer mittelgroßen beziehungsweise großen Abteilung zuzuordnen waren – die Verteilung war also relativ ausgeglichen.

Bei genau der Hälfte der Abteilungen (n=8) mit selbsternanntem Newsroom wurde jener im Jahr 2014 eingeführt. Vier Teilnehmer dieser Abteilungen gaben an, seit dem Jahr 2013 entsprechend des Newsroom-Konzepts organisiert zu sein und weiterhin jeweils zwei seit den Jahren 2012 und 2011. Das Marketing ist in fünf der 16 selbsternannten Newsrooms integriert. Die Hälfte der Newsroom-Einführungen (n=8) wurde von Schulungen oder Workshops begleitet.

Wie nun bereits mehrfach deutlich wurde, ist trotz der Bezeichnung einer Kommunikationsabteilung als Newsroom nicht automatisch davon auszugehen, dass in dieser auch Newsroom-typische Strukturen integriert sind. Daher zielte eine weitere forschungsleitende Frage auf die tatsächliche Existenz jener Strukturen in Abteilungen mit selbsternanntem Newsroom ab. Dazu wurde überprüft, wie diese 16 Abteilungen in die Typologie einzuordnen sind. Sieben eben dieser entsprechen einer UK-Abteilung mit mäßig fortgeschrittener Newsroom-Integration (Typ 2) und weitere sechs lediglich einer Abteilung mit geringer Newsroom-Integration (Typ 3). Nur drei der 16 Fälle lassen sich auf Basis der obligatorischen Newsroom-Merkmale dem Typ UK-Abteilung mit fortgeschrittener Newsroom-Integration (Typ 1) zuordnen. Auffällig ist, dass ebenso viele Abteilungen mit wie ohne selbsternannten Newsroom dem Typ 1 zugeordnet werden können. Abbildung 5.6 zeigt die Verteilung aller UK-Abteilungen, die angaben, das Newsroom-Konzept zu kennen (n=61), auf die vier Typen und im Zusammenhang mit deren Antwort auf die Frage nach der Integration jener Organisationsform.

5 Die Verbreitung von Newsrooms in der Praxis

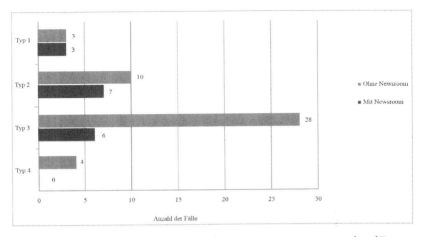

Abb. 5.6 UK-Abteilungen mit und ohne selbsternannten Newsroom verteilt auf Typen (n=61; Angaben in absoluten Zahlen; eigene Darstellung).

Um auch die Frage nach den mit der Newsroom-Einführung verfolgten Zielen beantworten zu können, wurden die 16 Teilnehmer der Abteilungen mit selbsternanntem Newsroom nach den erhofften Vorteilen, welche der Einführung dieser Organisationsform vorausgingen, gefragt. So wie bei der Frage nach den typischen Charakteristika des Newsrooms waren auch hier Mehrfachantworten möglich. Mit Ausnahme von zwei Teilnehmern nannten alle die integrierte Kommunikation als Vorteil des Newsrooms. Auch die geringere Doppelarbeit, bessere Koordination innerhalb der UK, stärkere Themenkompetenz und schnellere Reaktionsfähigkeit sind den Befragten zufolge Vorteile des Newsrooms. Hingegen scheinen eine gesteigerte Medienpräsenz sowie eine bessere Interaktionsfähigkeit, die jeweils von vier Befragten genannt wurden, seltener Beweggründe bei der Newsroom-Einführung zu sein. Abbildung 5.7 visualisiert die Verteilung der erwarteten Vorteile des Newsrooms.

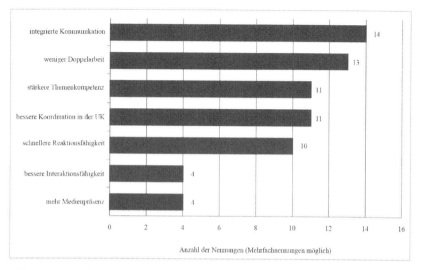

Abb. 5.7 Erhoffte Vorteile im Rahmen der Newsroom-Einführung (n=16; Angaben in absoluten Zahlen; eigene Darstellung).

Im Anschluss wurden die Befragten darum gebeten, ihre Zufriedenheit mit dem Newsroom ihrer UK-Abteilung auf einer fünfstufigen Skala (1= *gar nicht zufrieden* bis 5= *sehr zufrieden*) einzuordnen. Dabei zeigte sich, dass sechs Befragte sehr zufrieden und sieben zufrieden mit der Arbeit im Newsroom sind. Weiterhin bewerteten zwei Personen ihre Zufriedenheit auf einem mittleren Niveau und ein Teilnehmer gab an, nicht zufrieden mit dem Newsroom zu sein. Die drei negativsten Bewertungen stammten von operativen Mitarbeitern ohne Personalverantwortung. Jedoch ergaben auch hier der Chi^2-Test und die Berechnung des Kontingenzkoeffizienten keinen signifikanten Zusammenhang zwischen der Position des Befragten und seiner Bewertung des Newsrooms.

5.5 Schlussbetrachtung

Ziel des vorliegenden Beitrags war es, die Anwendung des Newsroom-Konzepts in den Kommunikationsabteilungen deutscher Unternehmen zu untersuchen. Hinsichtlich der vorgegebenen Strukturen kann festgehalten werden, dass bislang in 16 der 74 befragten UK-Abteilungen ein Newsroom eingeführt wurde. Werden

5 Die Verbreitung von Newsrooms in der Praxis

hingegen die tatsächlich realisierten Strukturen fokussiert, so gilt es, die oben erwähnte Typologie zu berücksichtigen, da diese eher den tatsächlichen Organisationsstrukturen entspricht. Der Idealtyp eines Newsrooms ist in keiner der Kommunikationsabteilungen vorzufinden. Allerdings konnten in sieben Fällen wenigstens vier der obligatorischen Newsroom-Merkmale identifiziert werden.

Diese erste empirische Untersuchung von Newsrooms im UK-Kontext stellt einen wichtigen Ausgangspunkt für Folgestudien zu jener Organisationsform dar. Im Sinne von Giddens' (1997) methodischen Überlegungen entspricht diese Arbeit einer institutionellen Analyse *Newsroom-typischer* Strukturen in Kommunikationsabteilungen, welcher eine Analyse strategischen Verhaltens folgen sollte, um den Prozess der Strukturierung nachvollziehbar zu machen. Für die Ergründung jenes strategischen Verhaltens würden sich beispielsweise qualitative Experteninterviews mit UK-Mitarbeitern aus Unternehmen mit selbsternanntem Newsroom anbieten.

Die Messung von Organisationsstrukturen gilt als anspruchsvolles Forschungsvorhaben. Eine standardisierte Befragung, wie sie in dieser Arbeit durchgeführt wurde, dient bei der Untersuchung *Newsroom-typischer* Strukturen demnach als erste Orientierung. Die recht oberflächliche Beschreibung der vier Typen bestätigt jedoch, dass Typologien, die auf Basis quantitativer Daten gebildet wurden, häufig als Ausgangspunkt für weitere qualitative Forschung eingestuft werden (Schmidt-Hertha & Tippelt 2011: 24). Damit detailliertere Aussagen getroffen werden können, bedarf es einer intensiveren Untersuchung einzelner Kommunikationsabteilungen, beispielsweise durch Beobachtungen.

Die Einführung eines Newsrooms sollte mit tiefgreifenden Veränderungen des beruflichen Alltags der Kommunikationsmitarbeiter einhergehen. Somit ist eine Untersuchung der Auswirkungen jener Organisationsform auch für die Berufsbildforschung der Unternehmenskommunikation von großer Relevanz. Künftige Studien könnten beispielsweise die Anforderungsprofile an Kanal-beziehungsweise Themenverantwortliche untersuchen. In diesem Zusammenhang wäre es interessant herauszufinden, wie die UK-Mitarbeiter beim Erlangen der für jene Verantwortungsbereiche benötigten Expertise unterstützt werden können.

Bisher wurde noch nicht hinterfragt, ob der Newsroom besagte Herausforderungen tatsächlich zu bewältigen vermag. Im Rahmen von Folgestudien bedarf es daher einer Distanzierung von allzu euphorischen Einschätzungen der UK-Praktiker und einer kritischen Untersuchung der tatsächlichen Vorteile einer Newsroom-Einführung. Im Rahmen solcher Studien könnte beispielsweise untersucht werden, ob Kommunikationsabteilungen mit Newsroom wirklich effektiver, effizienter und reaktionsfähiger als solche mit traditionellen Organisationsstrukturen sind.

Literatur

Collier, D., & Levitsky, S. (1997). Democracy with Adjectives: Conceptual Innovation in Comparative Research. World Politics, 49(3), S. 430-451.
Die Welt (2013): Die 500 größten Unternehmen in Deutschland. Verfügbar unter http://top500.welt.de/, abgerufen am 14.06.2015.
Giddens, A. (1997). Die Konstitution der Gesellschaft: Grundzüge einer Theorie der Strukturierung. (3. Aufl.), Frankfurt am Main: Campus-Verlag.
Kirchgeorg, M., & Günther, E. (2006). Employer Brands zur Unternehmensprofilierung im Personalmarkt. Eine Analyse der Wahrnehmung von Unternehmensmarken auf der Grundlage einer deutschlandweiten Befragung von High Potentials. HHL-Arbeitspapier Nr. 74. Lehrstuhl Marketingmanagement, Leipzig.
Lauth, H.-J. (2009). Typologien in der vergleichenden Politikwissenschaft: Überlegungen zum Korrespondenzproblem. In: S. Pickel, G. Pickel, H.-J. Lauth & D. Jahn (Hrsg.), Methoden der vergleichenden Politik- und Sozialwissenschaft (1. Aufl.), Wiesbaden: VS Verlag für Sozialwissenschaften, S. 153-172.
Sadrowski, M. (2015): „Das ist kein Newsroom, sondern eine aufgepeppte Pressestelle" Der Newsroom als Organisationsform der Unternehmenskommunikation, Hausarbeit zur Erlangung des Akademischen Grades eines Master of Arts in Unternehmenskommunikation/PR, vorgelegt dem Fachbereich 02 – Sozialwissenschaften, Medien und Sport der Johannes Gutenberg-Universität Mainz.
Schmidt-Hertha, B., & Tippelt, R. (2011). Typologien. Zeitschrift für Weiterbildungsforschung, 34(1), S. 23-35.
Scholl, A. (2015). Die Befragung. (3. Aufl.), München und Konstanz: UVK.

Das digitale Schaufenster: Der Social Media Newsroom als kommunikativer Hub

6

Dominik Ruisinger

17. Februar 2006: „Die! Press release! Die! Die! Die". Tom Foremski, einflussreicher Journalist im Silicon Valley, hatte von den vielen ihm zugesandten Pressemitteilungen endgültig genug. In seiner Wut formulierte er eine scharfe Replik an alle Redakteure und Versender von Pressemitteilungen. Er schrieb: „Press releases are nearly useless. (...) They typically start with a tremendous amount of top-spin, they contain pat-on-the-back phrases and meaningless quotes. Often they will contain quotes from C-level executives praising their customer focus. They often contain praise from analysts, (who are almost always paid or have a customer relationship.) And so on..." (...) „This madness has to end. It is wasted time and effort by hundreds of thousands of professionals" (Foremski 2006).

Foremski beließ es jedoch nicht bei seiner Kritik an den seiner Einschätzung nach nutzlosen und Medienvertretern nur Zeit raubenden Pressemitteilungen. Als Konsequenz schlug er vielmehr konkret vor, Pressemitteilungen künftig aufzubrechen, Inhalte zu verschlagworten und Links zu weiterführenden Informationsquellen zu integrieren, so „that as a publisher, I can pre-assemble some oft the news story and make the information useful" (Foremski 2006). Dieses neue Format sollte Journalisten wie den neuen Social-Media-Multiplikatoren als klare, übersichtliche und nach individuellen Bedürfnissen leicht erschließbare Recherchequelle dienen, aus der sie selbst eigene Artikel und Geschichten entwickeln oder zumindest ihre Informationsbedürfnisse befriedigen könnten.

6.1 Eine Diskussion nimmt Fahrt auf

Was Foremski in diesem Moment noch nicht wusste oder wissen konnte: Seine Forderung blieb nicht lange ungehört. Ganz im Gegenteil. Mit diesem einfachen Blog-Beitrag löste er eine große Branchendiskussion aus. Von diesem Zeitpunkt an wurde im aufkommenden Social-Web-Zeitalter plötzlich verstärkt über die Medienarbeit im Zeichen sozialer Medien gesprochen. Schließlich betraf seine Kritik an herkömmlichen Pressemitteilungen im Grunde die gesamte bisherige Medienarbeit – sowie den künftigen Umgang mit Influencern[1] wie beispielsweise Bloggern.

Diese vor bald zehn Jahren gestartete Diskussion hält bis heute an, wobei sie sich meist um die folgenden zentralen Fragen dreht: Wie lässt sich einerseits auf Seiten der Medienarbeit auf die Anforderungen und Herausforderungen im Social Web adäquat reagieren? Wie lassen sich andererseits die Social-Media-Kanäle am besten auf einer Oberfläche kompakt bündeln? Und könnte ein sogenannter Social Media Newsroom, in welcher Form auch immer, die Antwort auf all diese Fragen sein?

Auf diese Kernfragen fokussiert sich seitdem die Auseinandersetzung. Und bis heute lässt sich darauf weder eine abschließende Antwort noch eine übergreifende Lösung geben. Immerhin haben in den vergangenen sechs Jahren allein in Deutschland über hundert Organisationen einen Social Media Newsroom eingeführt, um auf die Herausforderungen im Social Web adäquat zu reagieren und Influencern eine Dialogplattform zu bieten. Dabei unterscheiden sich viele in ihrer Herangehensweise und Ausrichtung grundlegend, worauf noch einzugehen ist.

In diesem Beitrag soll auf die Konzeption, die Struktur und die Merkmale eines Social Media Newsrooms näher eingegangen werden. Zudem sind in den letzten Jahren durchaus unterschiedliche Ansätze zu beobachten, sowohl was die Ausrichtung als auch was die konkrete Form betrifft. Diese werden anhand von Fallbeispielen deutlich gemacht. Dass viele den Begriff Social Media Newsroom durchaus unterschiedlich interpretieren, ist eine unmittelbare Konsequenz aus diesen divergierenden Ansätzen. Gleichzeitig soll in diesem Beitrag nicht unterlassen werden, auf die Risiken von Social Media Newsrooms hinzuweisen. Denn die Vermeidung von negativen Konsequenzen zählt zu den Kernfragen jeder ganzheitlichen Social Media Newsroom-Strategie.

---

1 Der Begriff beschreibt Nutzer, die großen Einfluss auf andere Nutzer haben, da sie entweder sehr bekannt oder gut vernetzt sind oder sich eine Expertise auf einem Themengebiet erarbeitet haben.

6.2 Der Aufbruch ins Social Web

Zurück zur Geschichte des Tom Foremski: Der US-amerikanische Journalist war bei seinem Ausbruch stark vom Aufkommen des Social Webs geprägt. Bereits seit Anfang des ersten Jahrzehnts im beginnenden 21. Jahrhundert waren erste Ansätze des Social Web nicht nur sichtbar geworden; die sozialen Medien gewannen in der breiten Öffentlichkeit sprunghaft immer stärker an Beliebtheit. Zentrale und vor allem kostenlose Plattformen wie das freie Content Management System *WordPress* (Start im Jahr 2003), das aktuell führende Soziale Netzwerk *Facebook* (Start 2003/04), die mächtige Video-Plattform *YouTube* (Jahr 2004), das Echtzeit-Nachrichtensystem *Twitter* (Start 2006) oder Googles eigenes Netzwerk *Google+* (Start 2011) trugen dazu bei, die Kommunikation deutlich zu verändern. Dies betrifft Unternehmen und Organisationen ebenso wie Privatpersonen.

Wenn auch etwas zeitlich verzögert, hat in den vergangenen Jahren ebenfalls in Deutschland das Social Web kräftig zugelegt und an Bedeutung gewonnen. Immer mehr Nutzer, Unternehmen und Institutionen sind heutzutage auf den Plattformen aktiv, um ihre Zielgruppen zu informieren und mit diesen in einen kontinuierlichen Dialog zu treten. Vielen hilft dieses Engagement zudem, um Entwicklungen frühzeitig zu erkennen, Trends zu beobachten, erkannte Bedürfnisse schnell zu befriedigen und um auf aufkommende Kritik rechtzeitig zu reagieren.

Die Macht der ProSumer

Knapp 80 Prozent der Deutschen sind heute online (ARD-ZDF-Onlinestudie 2014), 35 Prozent (Kemp 2015) verfügen über einen Account in den Sozialen Netzwerken und greifen damit auf eine wachsende Zahl an Sozialen Medien zu, worunter Blogs, Micro-Blogs, Soziale Netzwerke, Business Plattformen, Sharing Plattformen aber auch Wikis und Foren zu verstehen sind. Deren hohe Zahl in Deutschland verdeutlicht das Social-Media-Prisma der Agentur *Ethority* (Abbildung 6.1). In Anlehnung an das Conversation Prism des US-Vordenkers Brian Solis (2015) vermittelt es eine gute Übersicht über die hierzulande wichtigsten Plattformen.

Das gemeinsame Neue aller Medien: Früher bestand zwischen den Organisationen und ihren Zielgruppen ein klares Rollenverständnis: Unternehmen publizierten über Webseiten, Newsletter und klassische Medien ihre Neuigkeiten, die interessierte Leser wiederum wahrnahmen, das heißt, sie rein konsumierten. Diese Sender-Empfänger-Rollenverteilung hat sich grundlegend verändert. Heute sind die früheren

Leser aktive „Prosumer"[2], die fremde Inhalte gleichzeitig konsumieren, eigenen Content produzieren und über ihre individuellen Social-Media-Kanäle verbreiten.

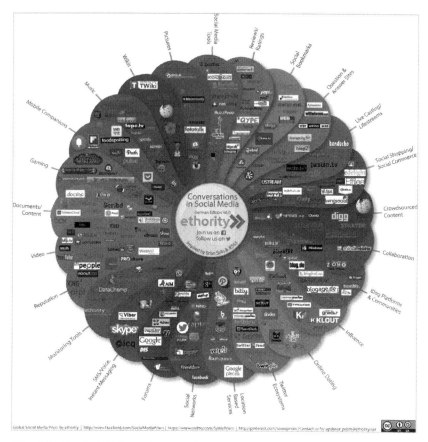

Abb. 6.1 Das Social-Media-Prisma (Ethority 2015)

So kommt es, dass auch kommunikative wie virale Erfolge plötzlich mit davon abhängen können, wie viele Menschen Inhalte ins Netz stellen oder auf die Beiträge

---

2 Kunstwort aus Produzent und Konsument; beschreibt das veränderte Sender-Empfänger-Verhalten durch die Nutzung Sozialer Medien.

anderer reagieren. Dazu hat die Social Software beigetragen, die es jedem deutlich erleichtert, einen Blog aufzusetzen, einen Tweet abzusetzen oder einen Facebook-Post zu schreiben, zu liken oder zu teilen – und dies ohne technische Vorkenntnisse. Auf diese neuen Sender und Kommunikatoren haben Organisationen zu reagieren.

Reiner Hinweis per Homepage

Im ersten Schritt haben viele Organisationen ihre eigene Social-Media-Aktivitäten gestartet und kontinuierlich ausgebaut. Dazu haben sie die Logos der Plattformen mehr oder weniger sichtbar in ihre Homepage integriert, um so auf ihre vorhandenen Dialogangebote, auf das eigene Corporate Blog oder auf ihre Aktivitäten auf Twitter und Facebook, manchmal auch auf *Google+, YouTube, SlideShare, Pinterest* und *Instagram* hinzuweisen. Dieser Verweis per Logo gerne in Kombination mit einer Facebook-Likebox zur Live-Darstellung der eigenen Aktivitäten zählt bereits zum Standardrepertoire. Dies lässt sich beispielsweise gut auf der Presseseite des *TourismusMarketing Niedersachsen* (2015) beobachten (Abbildung 6.2).

Während im Zentrum der Seite die aktuellen Pressemitteilungen sichtbar sind, wird auf der rechten Spalte auf die bespielten Social-Media-Kanäle hingewiesen und die aktuellen Posts und Tweets und Videos dargestellt. Auf diese Weise bleibt der Nutzer stets auf dem Laufenden und kann sich von weiteren Themen anregen lassen, die aktuell über die Social-Media-Kanäle verbreitet werden. Gleichzeitig hat diese Darstellungsform ihre deutlichen Grenzen. Einerseits wird meist nur eine begrenzte Anzahl an Beiträgen sichtbar eingespielt; andererseits wirkt solch eine Darstellung schnell unübersichtlich, insbesondere sobald sich die Zahl der eingespielten Inhalte nicht nur auf die *Twitter*-Tweets und *Facebook*-Posts beschränkt. Wie könnte unter diesen Voraussetzungen eine Lösung aussehen, die sowohl Sendern als auch den Empfängern die Inhalte einfacher und übersichtlicher zugänglich macht?

Abb. 6.2 Der Pressebereich des TourismusMarketing Niedersachsen und die stets sichtbare Einbindung der Social-Media-Kanäle (TourismusMarketing Niedersachsen GmbH (2015)

6.3 Kommunikationsplattform für Stakeholder

Tom Foremskis Fundamentalkritik an der herkömmlichen Medienarbeit blieb nicht lange ungehört. Bereits wenige Monate nach seinem Blog-Beitrag stellte Todd Defren von der einflussreichen Kommunikationsagentur *Shift Communications* die erste Version einer Weiterentwicklung der Pressemitteilung zum Social Media

6 Das digitale Schaufenster

Press Release – oft auch Social News Release oder Social Media Release (SMR) genannt – der Online-Community zur Diskussion (Defren 2007)[3]. Diese sollte Versendern die Möglichkeit offerieren, sich nicht nur auf Texte zu begrenzen, sondern in der Medienmitteilung ebenso Bilder, Verlinkungen, Schlagworte und eine Kommentarfunktion unmittelbar zu integrieren und somit sich von einem reinen Versandangebot zu einem wirklichen Dialogangebot weiter zu entwickeln.

Mit dieser und den folgenden Versionen des Social Media Press Release war die Diskussion über die Zukunft der Pressemitteilung angesichts einer sich gravierend verändernden Medienlandschaft und Mediennutzung eröffnet, auch wenn sich diese Diskussion vorerst nur auf die USA und Großbritannien beschränkte, wo der Entwurf von Defren bei Bloggern wie bei Journalisten durchaus auf Interesse gestoßen war. In Deutschland schenkte dagegen kaum eine Organisation diesem Thema ihre Aufmerksamkeit.

Die Zukunft der Medienarbeit

Viel bedeutsamer als dieser Ansatz selbst: Spätestens mit der Vorlage des Social Media Press Release war die Diskussion über die künftige Pressearbeit im Social Web eröffnet, die den Online-Pressebereich mit einbezog. So war im Rahmen der Diskussionen um Social Media News Releases die Frage aufgekommen, über welche Plattform diese publiziert werden sollten. Anders und weiter gefragt: Ließen sich beispielsweise alle verstreuten Social-Media-Aktivitäten auf einer einzigen Corporate Website bündeln? Und ließe sich dies mit einem Online-Pressebereich kombinieren?

Der Digital Marketing-Vordenker und Bestseller-Autor Brian Solis schlug eine Blog-Plattform vor, um alle Kommunikationsinstrumente gemeinsam zu kanalisieren. „Social Media Releases (…) should, however, be hosted on a specific company blog channel dedicated to SMRs in order to complement traditional releases, SEO releases, company blog posts, and all other outward focused communications. Any customizable blogging platform will more than serve as an effective, and social platform" (Solis 2008).

Also eine individuell anpassbare Blog-Plattform für alle Formate an Informationen und Pressemitteilungen? Hinter diesen Diskussionen steckte deutlich mehr als die Suche nach dem passenden System. Im Grunde drehten sie sich um die grundsätzliche Frage, wie Organisationen auf die veränderten Beziehungen zu Stakeholdern und Multiplikatoren reagieren sollten. Wie könnten sie den neuen Informations-, Medienrezeptions- und Kommunikationsbedingungen im Internet gerecht werden?

---

3   Das Template zum Social Media Press Release lässt sich ansehen und herunterladen (Defren 2006).

Hub zur Online-Welt des Unternehmens

Wieder war es Todd Defren, der den Social Media Newsroom als Informations- und Dialogplattform vorstellte, auf der einerseits Social News Releases gesammelt, archiviert und präsentiert werden, der andererseits die kommunikativen Möglichkeiten des Social Web offensiv nutzte. Seine Vorlage (Abbildung 6.3) macht deutlich: Auf einen Blick bietet der Social Media Newsroom allen Online-Bezugsgruppen – Medienvertretern, Multiplikatoren, Mitarbeitern, weiteren Stakeholdern, einfachen Nutzern – eine umfassende, multimediale Informations-, Recherche- und Dialogquelle.

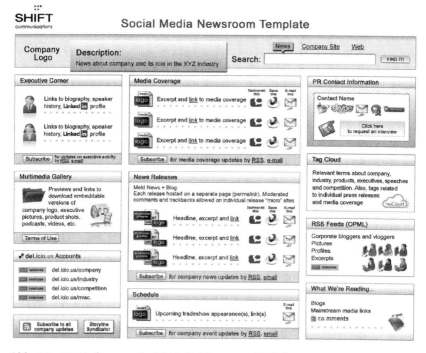

Abb. 6.3 Die Vorlage zum Social Media Newsroom (Shift Communications 2015)

In den folgenden Jahren sollten sich denn auch viele Organisationen genau an diesem neuen Ansatz eines zentralen Kommunikationshubs orientieren, den Defren mit dem Template eines Social Media Newsrooms vorgelegt hatte. Konkret bedeutete dies:

6 Das digitale Schaufenster

- Ansprechpartner sind nicht nur über herkömmliche Medien, sondern ebenfalls über *Skype*, *Instant Messenger*, *Facebook*, *Twitter* zu erreichen; persönliche Angaben werden mit einem *LinkedIn*-Profil – in Deutschland mit einem *Xing*-Profil – ergänzt;
- Pressemitteilungen und Social News Releases sind stark mit Links vernetzt und multimedial aufbereitet. Sie lassen sich frei kommentieren und per RSS abonnieren, was den verstärkten Pull-Aspekt moderner Online-Kommunikation unterstreicht;
- Publikationen im Pressespiegel (Media Coverage) lassen sich sofort abspeichern, bookmarken oder an Interessenten weiterleiten;
- Bilder, Infografiken, Videos und Podcasts werden in einer Multimedia-Galerie zusammengefasst – jeweils ergänzt mit kompakten Kurzinformationen zu den Inhalten sowie Hinweisen zur gewünschten Quellenangabe; werden sie unter einer Creative Commons Lizenz[4] angeboten, lassen sich die Bilder frei verwenden – selbstverständlich stets abhängig von der Art der jeweiligen Lizenz;
- Bookmarks werden nicht im individuellen Browser sondern öffentlich in verschiedenen Social Bookmarking Services wie im Beispiel *Delicious* oder *Diigo* gesammelt, um den sofortigen Zugriff auf die relevanten Links zu gewährleisten;
- Alle Informationen lassen sich selbstverständlich abonnieren – wahlweise per E-Mail oder als RSS-Feed;
- Die Inhalte des Social Media Newsrooms sind getaggt, multimediale Inhalte auf die Social-Media-Plattformen ausgelagert;
- Eine zentrale Tag Cloud erleichtert zusätzlich die Navigation und die Suche nach den passenden Unternehmensinformationen, Reden, Publikationen, Produkten oder Pressemitteilungen.

Zentraler Zugang zur Social World

Der Grundgedanke dahinter: Der Social Media Newsroom wird zum zentralen Zugang zur kollaborativen Welt der Blogs, der Sozialen Netzwerke und der Sharing Plattformen. Videos liegen auf dem *YouTube* Corporate Channel, Fotos auf den Bilderplattformen wie *Flickr* oder *Pinterest*, Präsentationen und Dokumente bei *SlideShare.net* oder *Scribd.com*, thematische Linksammlungen bei *Delicious* oder bei *Diigo*, um den Gedanken des Informations-Sharings zu unterstreichen und zu verbreiten.

---

4 Creative Commons bezeichnet eine freie Lizenz, welche die Nutzung eines Dokuments in unterschiedlichen Stufen regelt (Creative Commons (CC) 2015).

Für Suchmaschinen optimiert sorgt der Newsroom auf diese Weise für eine hohe Auffindbarkeit und Sichtbarkeit, sofern der Social Media Newsroom als Lösung in die eigene Webseite integriert ist. Denn nur so kommen die positiven Auswirkungen des Suchmaschinenmarketings der eigenen Seite wirklich zugute.

Während der oben kurz erwähnte Social News Release in Deutschland bis heute nicht sichtbar oder zumindest von kaum einem Unternehmen eingesetzt wird, symbolisiert der Social Media Newsroom einen kommunikativen Ansatz, klassische Werkzeuge der Online-PR im Social-Web-Zeitalter weiterzuentwickeln – zum gemeinsamen, multimedialen und interaktiven Hub für Journalisten, für Influencer sowie für jeden an der Organisation interessierten Nutzer.

6.4 Integriertes Kommunikationsinstrument

Schon im vorherigen Kapitel wurde deutlich gemacht, dass der Social Media Newsroom weit mehr ist als eine Oberfläche zur Publikation von Social News Releases. Er ist Hub und mediales Schaufenster einer Organisation, das Journalisten wie Interessenten einen schnellen Überblick über alle medialen und Social-Media-Aktivitäten liefert. Auf dieser gesonderten Seite werden die Inhalte aus den Social-Media-Plattformen – neben den klassischen Medienaktivitäten – gesammelt und komprimiert dargestellt. User können sich schnell und einfach einen Überblick über alle kommunikativen Aktivitäten der Organisationen verschaffen, ohne sich durch die einzelnen Social-Media-Plattformen klicken zu müssen.

Damit aggregiert der Newsroom automatisch die Inhalte aus den Social-Media-Kanälen zentral auf einer einzigen Oberfläche, während die Diskussionen und Dialoge weiterhin innerhalb der einzelnen Social-Media-Plattformen stattfinden. Das heißt, auf einer einzigen Plattform werden alle Einträge übersichtlich und grafisch ansprechend dargeboten, die zuvor in fest definierten Kanälen sozialer Netzwerke veröffentlicht wurden und mit der Publikation in den Social Media Newsroom einfließen. Dabei bestehen die Einträge zumeist aus einer chronologisch angeordneten Voransicht von Kurztexten und Bildelementen, ergänzt durch Links zu den dargestellten Quellen. Interessenten können sich somit in kürzester Zeit einen ersten Eindruck verschaffen, auf welchen Kanälen eine Organisation aktiv ist und welche Inhalte und Themen diese dort jeweils präsentiert beziehungsweise setzt.

Flexibilität mit WordPress & Co.

Abgesehen von dem ursprünglichen Template von *Shift Communications* gibt es keine festgelegte Vorlage für einen Newsroom. Stattdessen hängt die Flexibilität allein von dem verwendeten beziehungsweise angepassten Template ab, wobei gerade *WordPress* vielfältige Optionen bietet. Wer beispielsweise eine Webseite oder ein Blog auf Basis des Content Management Systems *WordPress* führt, kann mittels des Social Stream PlugIns (Design Chemical 2015) die Inhalte zahlreicher Social-Media-Kanäle auf einer einzigen Oberfläche komprimiert darstellen. Dazu zählen Inhalte aus *Facebook, Twitter, Google+, Instagram, Pinterest, YouTube, Flickr,* der Blog-Plattform *Tumblr* sowie zahlreicher weiterer Quellen. Aber auch die Anbieter *Netvibes* (2015) und *RebelMouse* (2015) bieten kostenfreie und technisch einfach umsetzbare Lösungen an, um in wenigen Schritten einen eigenen Social Media Newsroom zu erstellen.[5]

Ein interessanter Nebenaspekt: In der Vorlage von Todd Defren ist die Rubrik „News Releases" für Social News Releases beziehungsweise Pressemitteilungen ausgewiesen. In der Praxis fällt auf, dass nur ganz wenige Organisationen ihre Pressemitteilungen den Social Web-Gegebenheiten anpassen. In der großen Mehrzahl der Newsrooms sind stattdessen klassische Pressemitteilungen zu finden. Dies unterstreicht nochmals, dass sich Social News Releases bis heute nicht durchsetzen konnten – und diese Aussage gilt nicht nur für Deutschland.

Die Kür nach der notwendigen Pflicht

Als Übersicht bietet der Newsroom den gesamten integrierten Content des Unternehmens oder der Institution dar. Dies bedeutet im Umkehrschluss, dass er nur dann ein aktuelles Bild der Organisation vermitteln und als Kommunikationszentrale funktionieren kann, wenn die Kanäle regelmäßig mit Inhalten gefüllt werden. Ansonsten trägt dieser Hub das nicht Image fördernde Bild einer Organisation nach außen, die nicht – regelmäßig – kommuniziert oder nichts zu kommunizieren hat.

Die Einrichtung eines Newsrooms ist somit als eine erweiterte Stufe für Organisationen zu verstehen, die einerseits über einen professionellen Online-Pressebereich verfügen und diesen regelmäßig mit Pressemitteilungen und Bildmaterial, mit aktuellen News, Daten und Fakten pflegen, die andererseits Social-Media-Kanäle aufgebaut haben und diese kontinuierlich mit Inhalten füllen.

In diesem Kontext müssen sie künftig ebenso bereit sein, weiterhin ausreichend personelle Ressourcen zur Verfügung zu stellen, um ihre Social-Media-Kanäle als Basis jedes Newsrooms mit aktuellem Content zu füttern und Dialoge zu pflegen. Genau an dieser Stelle kommen gerade kleinere und mittelständische Organisationen oftmals an ihre personellen Ressourcengrenzen. Doch erst wenn diese

---

5 Auf der Webseite des SocialMedia Institute erschien im Frühjahr 2013 ein guter, einführender Beitrag, der die verschiedenen technischen Lösungen kurz und kompakt darstellt (SocialMedia Institute (SMI) 2013).

Vorbedingungen erfüllt und die Grundlagen gelegt sind, kann eine Kür per Social Media Newsroom wirklichen Mehrwert generieren.

Selbst wenn heute immer mehr Organisationen auf einen Social Media Newsroom setzen, erwies sich der Begriff „Social Media Newsroom" – und dies nicht nur in Deutschland – vielfach als etwas verwirrend. Grundsätzlich lassen sich zwei Interpretationswege und Content-Ansätze unterscheiden.

6.5 Der erweiterte Online-Pressebereich

Dieser Ansatz setzt auf den oben beschriebenen Ansatz von Todd Defren und Kollegen direkt auf. Die Kernfrage lautet: Wie erreichen wir neben Journalisten auch Social-Media-Multiplikatoren? In Zeiten verstärkter digitaler Kommunikation befindet sich schließlich die Medien- und Öffentlichkeitsarbeit in einem kontinuierlichen Wandel. Mit dem Internet kommen beständig neue Kanäle hinzu, denen Kommunikationsverantwortliche in Unternehmen, Institutionen und Agenturen ihre besondere Aufmerksamkeit zu schenken haben. Gerade die Kombination aus Push- und Pull-Medien – die wechselseitige Zusendung beziehungsweise Bereitstellung von Informationen – eröffnet erweiterte Möglichkeiten, einen breiten Stakeholder-Dialog aufzubauen und mit Journalisten wie mit neuen Influencern in einen kontinuierlichen Dialog zu treten.

Mit dem Social Web entwickelt sich das Internet zudem noch stärker zu einer an Verknüpfungen reichen Meinungsplattform: Social Media drängt in den Bereich der Medienarbeit vor, um mit den Instrumenten der klassischen Online-Pressearbeit zu gemeinsamen Plattformen teilweise zu verschmelzen. Direkte Kommunikation über die Sozialen Medien, Influencer und Blogger Relations, aber auch die wachsende Relevanz von Suchmaschinenoptimierung sind dabei, die herkömmlichen Instrumente zwar nicht zu ersetzen; sie ergänzen sie jedoch in einem zunehmend größeren Maße.

Diese Entwicklungen haben deutliche Auswirkungen auf den Online-Pressebereich als zentrales Medienschaufenster: Organisationen haben dort die Aufgabe, den Bedarf von Journalisten an Hintergrundinformationen, Daten und Fakten sowie an Dialogformaten zu erfüllen. Nur so wird der Online-Pressebereich zur proaktiven PR-Plattform, die Medienvertretern sowie weiteren Stakeholdern einen bindenden Mehrwert bietet und ein Themensetting ermöglichen kann.

6 Das digitale Schaufenster

Social-Media-Ansprache von Journalisten

Hierbei begegnet die klassische Medienarbeit einer weiteren Herausforderung: Selbst wenn die deutschen Vertreter im internationalen Vergleich noch etwas zurückhängen (Oriella 2013; Cision 2014), engagieren sich Journalisten hierzulande immer stärker im Social Web. Sie nutzen die Plattformen für ihre Arbeit – ob zum unmittelbaren Dialog, zur Anregung für aktuelle und künftige Beiträge, für Zusatzinformationen, für neue Perspektiven oder zur frühzeitigen Erkennung von Trends. Von PR-Verantwortlichen erwarten sie den schnellstmöglichen und einfachen Zugriff auf jede Form von Information. Dass Journalisten zunehmend mobil arbeiten und Informationen online suchen und herunterladen – laut *news aktuell* recherchieren täglich 42 Prozent via Smartphone oder Tablet (news aktuell 2014) –, stellt besondere Anforderungen an die Usability und die Aufbereitung von textlichem und bildlichem Content dar. Und dies mit stark wachsender Tendenz.

Mit dem Social Web bewegt sich zusätzlich eine wachsende Zahl an Akteuren als souveräne Informationsrezipienten wie -produzenten im Internet. Diese gerade in Nischenthemen aktiven Opinion Leader lösen immer stärker die Journalisten in ihrer Rolle als einzige Informationsvermittler ab – oder ergänzen sie zumindest. Sie warten immer seltener auf von Medien vorselektierte News; vielmehr erschließen sie selbst die zu ihrer eigenen Meinungsbildung relevanten Informationen. Dabei bedienen sie sich durchaus auch an den Pressebereichen von Unternehmen und Institutionen.

Doch was geschieht, wenn sich Nutzer einerseits immer stärker selbst die für sie relevanten Informationen erschließen, sich stark vernetzte Informationen deutlich schneller als herkömmliche Inhalte verbreiten und Influencer und Multiplikatoren online-adäquat angesprochen werden wollen? Die Idee zur Weiterentwicklung des Pressebereichs zur interaktiven, multimedialen Dialogplattform war geboren.

Audi setzt vorwiegend auf Influencer-Ansprache

Vor diesem Hintergrund entwickelten unter anderen der *Otto*-Konzern sowie *Audi Deutschland* durchaus trendsetzende Social Media Newsrooms, um genau diese beiden Kernzielgruppen – klassische Journalisten sowie Social-Media-Multiplikatoren – zielgenau zu erreichen. Dabei wählten beide einen etwas unterschiedlichen Ansatz.

Im Social Media Newsroom von *Audi Deutschland* (2015) (Abbildung 6.4) liegt der Fokus klar auf den Social-Media-Aktivitäten und damit der Ansprache von Auto-Bloggern und weiteren Influencern des Social Web, die sich für das Thema Auto und Mobilität interessieren. Klar strukturiert und einfach ersichtlich sind die Aktivitäten von *Audi* in den Sozialen Medien. Sauber nach Kanal und ihrem Erscheinungsdatum geordnet, werden die Beiträge in den Social-Media-Plattformen aufgeführt. Jeder Betrachter kann sich sofort die Aktivitäten etwa auf dem Corporate Blog, auf *Facebook, Twitter, YouTube,* der Fotoplattform *Flickr* oder der Präsentationsplattform *Scribd* ansehen. Dazu bespielt *Audi* regelmäßig die verschiedenen Plattformen, was sich am Erscheinungsdatum der Beiträge ablesen lässt. Zudem können Interessenten mit der Social-Media-Chefredakteurin, Blogger mit der Leiterin Blogger Relations direkt in Kontakt treten. Um Medienvertreter gleichzeitig anzusprechen, ergänzt *Audi* die Auflistung seiner Social-Media-Aktivitäten um den Punkt Pressemitteilungen, wo regelmäßig die aktuellsten Medienmitteilungen eingestellt und damit verbreitet werden.

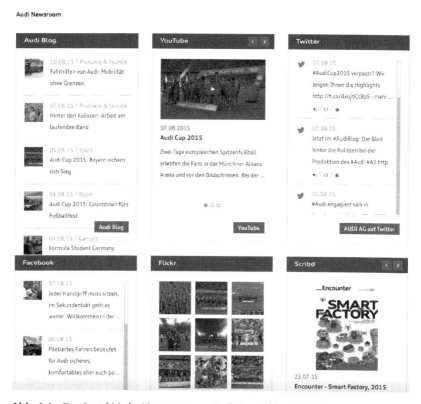

Abb. 6.4 Der Social Media Newsroom von Audi Deutschland (2015)

Parallel existiert ein umfangreicher Online-Pressebereich auf *www.audi-mediaservices.com*. Das bedeutet: Die aufgeführten Pressemitteilungen sind im Social Media Newsroom nur als Ergänzung zu verstehen, die Kernansprache richtet sich auf dieser Plattform an Blogger und Influencer, während sich Medienvertreter auf den Online-Pressebereich konzentrieren sollten. Vor diesem Hintergrund weist auch ein Link im Newsroom direkt auf den Pressebereich hin.[6]

Otto will Journalisten wie Influencer erreichen

Otto verfolgt im Unterschied zu *Audi* eine etwas andere Strategie. Auf der Homepage www.otto.de werden Nutzer über den Navigationspunkt Presse auf den Online-Pressebereich des Unternehmens verlinkt (Otto GmbH & Co KG 2015) (Abbildung 6.5). Dieser bündelt ebenfalls sehr übersichtlich sowohl die klassischen Medienaktivitäten als auch das Social-Media-Engagement von *Otto*. User erhalten einen sofortigen Zugang zu den regelmäßig aktualisierten Presseunterlagen – wie Pressemitteilungen, Pressedossiers, Basisinformationen, Informationsmaterialien in Grafik, Bild und Video – und können mit der Ansprechpartnerin direkt Kontakt aufnehmen.

Im linken Bereich der Webseite bietet *Otto* einen direkten Zugriff auf die Kernaktivitäten des Unternehmens im Social Web. Übersichtlich lassen sich die gewünschten Beiträge aus *Facebook*, *Twitter* und aus den Corporate Blogs von *Otto* auswählen. Wer den Unterpunkt *Social Media Room* anklickt, landet in einem Social Stream, auf den im kommenden Kapitel noch eingegangen wird. Mit diesem Ansatz macht *Otto* deutlich, dass über diesen Social Media Newsroom sowohl die Medienvertreter als auch die Social Media Influencer als Zielgruppen angesprochen werden sollen. Eine Trennung in zwei klare Plattformen wie bei *Audi* existiert dagegen nicht.

Beide Beispiele verdeutlichen, wie sich die veränderte Position der medialen Stakeholder sowie die Rolle der neuen Meinungsmacher in einem modernen, erweiterten Online-Pressebereich widerspiegeln kann, um bislang nicht ausgeschöpfte Potenziale zu nutzen. Der Social Media Newsroom wird zum medialen Schaufenster des Unternehmens oder der Institution – inklusive ihrer Sozialen Medien. Er stellt einen wichtigen Link, aber auch einen Vertrauensanker zwischen PR-Verantwortlichen und Journalisten beziehungsweise Influencern dar. Beiden Zielgruppen liefert er einen leicht zugänglichen Zugang zur Informations- und Kommunikationswelt der Organisation – auch mit Blick auf die Zukunft. Schließlich wird sich der Trend zur digitalen Kommunikation fortsetzen und der Stellenwert der Online-Medien

---

6   Im späten Frühjahr 2015 hat Audi diese Trennung aufgelöst und den Online-Pressebereich mit dem Social Media Newsroom auf www.audi-mediacenter.com/de zusammengeführt.

weiter zunehmen, wie beispielsweise der jährlich erscheinende *European Communication Monitor* (Zerfaß et al. 2014) regelmäßig aufzeigt.

Abb. 6.5 Der Social Media Newsroom von Otto (2015)

6.6 Die vernetzten Social-Media-Kanäle

Im vorherigen Ansatz wurde aus der Anregung und Vorlage von Todd Defren heraus der Social Media Newsroom als ein um die Sozialen Medien erweiterter Online-Pressebereich verstanden. Der folgende Ansatz verfolgt das Ziel, einzig und allein die Social-Media-Kanäle zusammenzuführen. Die Ausgangsfrage lautet hier: Wie könnten wir nach außen verdeutlichen, welchen Content wir auf welchen Kanälen spielen?

Diesen Ansatz verfolgt beispielsweise die Stadt Frankfurt am Main. In ihrem Social Media Newsroom (Stadt Frankfurt am Main 2015) (Abbildung 6.6) bündelt sie die von ihr bespielten Social-Media-Kanäle wie das Corporate Blog, die Kanäle bei *Facebook, Twitter* und *Google+* sowie weitere Inhalte. Pressemitteilungen oder gar ein Presseansprechpartner sind dagegen nicht zu finden. Die Stadt Frankfurt versteht damit ihren Social Media Newsroom als reine Vernetzung ihrer Soci-

6 Das digitale Schaufenster 125

al-Media-Kanäle – mit ergänzenden Bildelementen, aber ohne Einbindung ihrer sonstigen PR-Aktivitäten.

Abb. 6.6 Der Social Media Newsroom der Stadt Frankfurt (2015)

Ähnlich verfährt die R+V Versicherungsgruppe (2015) (Abbildung 6.7). Ihr Social Media Newsroom liefert einen sich stets aktualisierenden Überblick über das Social-Media-Engagement der Versicherung und ihrer Partner. Auf einem Blick lassen sich die Aktivitäten auf dem Unternehmensblog oder auf *Twitter* erkennen und verfolgen, liefern Präsenzen auf *Flickr* und *YouTube* Einblick in die visuellen Aktivitäten des Unternehmens. Erst ganz unten am Ende der Webseite werden noch die aktuellen Pressemeldungen kurz verlinkt. Dies verdeutlicht, dass Vertreter der klassischen Medien bei diesem Newsroom nicht die Kernzielgruppe spielen.

Abb. 6.7 Der Social Media Newsroom der R+V Versicherungsgruppe (2015)

Die obigen Beispiele zeigen auf, welche unterschiedlichen Inhalte und Strategien Organisationen unter dem Stichwort Social Media Newsroom verstehen: Eine Vernetzung der bestehenden Social-Media-Kanäle oder aber eine Ergänzung des Online-Pressebereichs um die Sozialen Medien, auch wenn sich diese Ergänzung – wie zum Beispiel bei *Coca-Cola Deutschland* (Coca-Cola GmbH 2015) oder bei

BASF (BASF SE 2015) – manchmal auf eine optische Integration der Social Media Buttons beschränken kann.

6.7 Der Schritt zum Social Stream

Aktuell gibt es in Deutschland über 100 Unternehmen, die einen Social Media Newsroom einsetzen – sowohl als erweiterter Online-Pressebereich als auch als vernetzte Social-Media-Plattform. Bei dieser reinen Vernetzung der eigenen Social-Media-Kanäle als Kommunikationshub setzen derzeit immer mehr Unternehmen und Institutionen auf einen sogenannten Social Stream. Dabei wird die klar geordnete Struktur eines Social Media Newsrooms durch einen fließenden Informationsstrom ersetzt. Oder wie Thomas Pleil von der Hochschule Darmstadt in seinem Blog die Typologie von Social Streams passend charakterisiert: In einem chronologischen Livestream bilden sie die Informationen ab, die in „mehr oder weniger kommerziellen Silos" (Pleil 2014) der Unternehmen und Institutionen feststecken.

Einige Organisationen greifen dazu auf das leicht zu installierende und oben bereits erwähnte Social Stream PlugIn von WordPress zurück, wie beispielsweise der deutsche Medien- und Recherche-Dienstleister *Infobroker* (Infobroker.de 2015) oder die französische Tourismusregion *Auvergne* (L'Auvergne en live 2015). Schnell und einfach in eine bestehende WordPress-Infrastruktur integriert, zeigt das Stream in chronologischer Folge die Inhalte aus den jeweils ausgewählten und in den Social Stream eingebundenen Social-Media-Kanälen.

Auch das Gesundheitsunternehmen *Sanofi Deutschland* mit Sitz in Frankfurt am Main hat sich Ende des Jahres 2014 für einen Social Media Newsroom entschieden und auf einer Unterseite seiner Webseite einen Social Stream installiert (Sanofi-Aventis Deutschland GmbH 2015). In diesem werden komprimiert die Inhalte aus den *Twitter*- und *Google+*-Accounts der Unternehmenskommunikation, den *Facebook*-Produkt-Accounts sowie weitere Informationen per RSS-Feed eingespeist und komprimiert dargestellt. „Der Social Media Newsroom soll unsere Aktivitäten im Social Web bündeln und auf einen Blick zugänglich machen", beschreibt Philipp Heinz, Media Relations bei *Sanofi Deutschland*, die eigene Zielsetzung. „In einem weiterentwickelten Pressebereich möchten wir die klassischen PR-Instrumente wie unsere Pressemitteilungen zusammenführen mit unseren Auftritten im Social Web" (Heinz, 2015).

Ein touristischer Livestream aus Wien

Wie stark sich Social Media Newsrooms zu Social Streams weiterentwickeln können, zeigt der sehr gelungene Ansatz der Stadt Wien (WienTourismus 2015) (Abbildung 6.8). Dazu wird der Stream mit aktuell relevanten, touristischen Informationen aus den diversen Social-Media-Kanälen sowie mit aktuellen Inhalten aus der Webseite des *Wien Tourismus* genährt. Der Vorteil: Reisende und Wien-Interessierte erhalten einen stetig aktualisierten Überblick über die Stadt Wien als Destination – mit chronologisch nach Datum geordneten und einfach zugänglichen Informationen.

Abb. 6.8 Social Media Newsroom als Social Stream der Stadt Wien (WienTourismus 2015)

Gleichzeitig sollte man nicht den Nachteil derartiger Social Media Streams außer Acht lassen. Für viele Nutzer wirken Streams im ersten Eindruck eher unübersichtlich. Sie erkennen zwar die Inhalte, können diese aber nur schwer den einzelnen Kanälen zuordnen. Auf diese Weise besteht die Gefahr, dass sie diesen Social Stream nur als eine einmalige Informationsquelle benutzen und nicht – wie vom

Unternehmen oder von der Institution gewollt – mit diesen über die integrierten Social-Media-Plattform in einen kontinuierlichen Kontakt treten. Außerdem bedarf dies einer klar strukturierten und überwachten Redaktionsplanung. Organisationen müssen streng darauf achten, dass nicht dieselben Inhalte auf verschiedenen Plattformen gleichzeitig gepostet werden. Ansonsten würden diese mehrfach im Social Stream auftauchen, was gerade bei integrierten Bildern und Videos schnell negativ auffällt.

Glaubwürdiges Themensetting der Deutschen Post DHL

Bislang haben erst wenige Organisationen erkannt, welche Chance des Themensettings solche Social Streams in Wirklichkeit bieten könnten. Bestes Positivbeispiel ist die *Deutsche Post DHL* mit ihrem Logistics Newsroom (Abbildung 6.9). Das Besondere: Die *Deutsche Post DHL* lässt nicht nur den Content aus ihren eigenen Social-Media-Kanälen in ihre Plattform mit einfließen und im Social Stream anzeigen. Wahlweise können die Nutzer auch neutrale, das heißt, unternehmensunabhängige Kanäle wie externe Fach- und Publikumsmedien in den Stream mit einfließen lassen. Auf diesem Weg erhalten sie nicht nur die Unternehmensinhalte, sondern darüber hinaus weiteren relevanten Content rund um das Thema Logistik. Auf der anderen Seite positioniert sich die *Deutsche Post DHL* als zentrales Informations- und Kommunikations-Sprachrohr rund um das Thema Logistik.

Dieser mutige Schritt hin zu einem organisationsübergreifenden Themendienst wäre eher von einem Verband oder einem Medium zu erwarten gewesen, wie Thomas Knüwer (2013) zu Recht schreibt. Doch so lange keine Medien diese Chance auf Themensetting nutzen, sollten weitere Unternehmen solche thematischen News-Services aufbauen – auch im Sinne einer effektiven Content Strategie. Eine Kaffeemarke, die alle relevanten Informationen rund um das Thema Kaffee bündelt; ein Pharmaunternehmen, das hilfreichen Content rund um Kopf- und Halsschmerzen liefert; ein Nahrungshersteller, der sich ganz auf das Thema Baby-Nahrung fokussiert: Schon diese Beispiele verdeutlichen die Chance, wie sich mit einem Social Stream ein effektives und nach außen vor allem wirklich glaubwürdiges Themensetting im Rahmen einer Content Marketing Strategie umsetzen lässt.

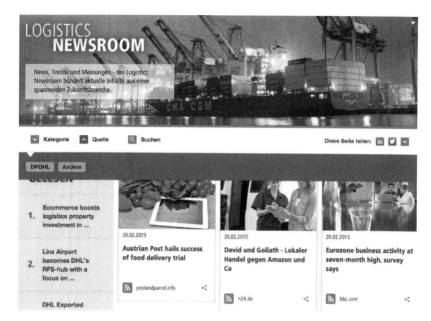

Abb. 6.9 Logistics Newsroom als Social Stream (Deutsche Post AG 2015).

Dass solche Social Streams leicht unübersichtlich werden können, ist bei dem abschließenden Beispiel zu erkennen: Das Medienunternehmen *Bertelsmann* hatte Ende 2013 eine Social Cloud (Bertelsmann SE & Co. KGaA 2015) gestartet, um die Inhalte aus mehr als 7.000 Auftritten in sozialen Netzwerken kompakt zu bündeln. Das heißt, die Inhalte aus über 7.000 hauseigenen Social-Media-Quellen fließen in Echtzeit in die Social Cloud ein.

Wer einen Blick darauf wirft, wird angesichts der Fülle von Informationen aus den Kanälen *Twitter, Facebook, Google+* und *YouTube* Schwierigkeiten haben, für sich wirklich relevante Informationen zu entdecken, die zu einer Kontaktaufnahme mit dem Unternehmen führen könnten. Angesichts der Fülle an Kanälen und Informationen bleibt das Gefühl zurück, dass dieser Social Stream weniger der User-Information oder gar -Interaktion als vielmehr der Eigendarstellung als Corporate Showroom dienen soll.

6.8 Auf dem Weg zum Digital Newsroom?

Kaum zehn Jahre nach dem Aufschrei von Tom Foremski kann man heute prognostizieren, dass die Diskussion um die Chancen und Ausgestaltung von Social Media Newsrooms weiter gehen wird. Nur: Befanden wir uns bisher eher in einer Ausprobierphase, so wird die Frage nach dem wirklichen Nutzen, der einfachen Bedienbarkeit und des Mehrwertes innerhalb einer Content Strategie im Zentrum der nächsten Schritte liegen. Ansonsten sind User – unabhängig davon, ob es sich dabei um Journalisten oder Multiplikatoren handelt – sofort wieder weg. Auf jeden Fall ist der Social Media Newsroom schon jetzt ein Symbol: Ein Symbol für das Ende der geschlossenen Online-Pressebereiche. Und damit sind auch die Zeiten der uneingeschränkten Kontrolle von Informationsflüssen endgültig vorüber.

Doch nochmals zurück zur Begriffsdiskussion am Anfang dieses Beitrages: In den vergangenen Monaten wurde immer stärker über das Ende von Social Media gesprochen – zumindest als eigenständiger Begriff. Bereits vor rund drei Jahren verfasste ich selbst einen Beitrag zum „Ende von Social Media", den ich Anfang 2015 in einem weiteren Beitrag noch ergänzt und aktualisiert habe (Ruisinger 2015). Darin schrieb ich unter anderem: „Es ist nur eine Frage der Zeit, bis sich dieser Begriff selbst erübrigt hat." Und um etwaigen Missverständnissen vorzubeugen: „Ich meine damit nicht die Social-Media-Aktivitäten oder -Plattformen an sich, sondern den Begriff in seiner Einzelstellung und Bedeutung als Gattung – ganz unabhängig davon, ob man diesen Begriff noch hören kann oder nicht" (Ruisinger 2012).

Im vergangenen Oktober hat der Social-Media-Experte Daniel Fürg in einem Blog-Beitrag mit dem bewusst provokanten Titel „Warum es bald keine Social Media Manager mehr geben wird" (Fürg 2014) meinen Begriffs-Abgesang auf das Arbeitsfeld ausgeweitet. Schließlich könne Social Media nicht mehr für sich alleine stehen – auch nicht personell. In der Konsequenz sei ein „Digital Media Manager" notwendig, der für alle Kommunikations- und Marketingaktivitäten in allen digitalen Kanälen innerhalb einer Organisation gesamtverantwortlich ist. Übersetzt heißt dies, dass der künftige Digital Media Manager eine im Vergleich zu heute erwachsen gewordene Beraterfunktion inne haben muss, die mit mehr Verantwortung und einem gewachsenen Aufgabenfeld ausgestattet ist und die digitalen Kompetenzen von Kommunikation und Marketing als interdisziplinäre Schnittstelle bündelt.[7]

Die Diskussion über die künftige Rolle eines Social Media Managers und die integrative Einbindung von sozialen Medien wird auch den Social Media Newsroom betreffen. So ist davon auszugehen, dass der heutige Begriff sich zu einem

---

7 Ausführlich analysiert und beschrieben in Ruisinger, Dominik (2014)

Digital Media Newsroom oder besser zum Digital Newsroom – unter Einbindung der Publikationen von der eigenen Webseite – entwickeln wird. Dieser Digital Newsroom würde dann das Schaufenster der gesamten Online- beziehungsweise digitalen Aktivitäten einer Organisation bilden, auch als Ergänzung zum klassischen Newsroom als redaktionelle Nachrichtenzentrale. Doch dies wird mit Sicherheit noch eine ganze Zeit auf sich warten lassen. Es bleibt also weiterhin spannend.

Literatur

ARD-ZDF-Onlinestudie (2014). Verfügbar unter http://www.ard-zdf-onlinestudie.de, abgerufen am 12.02.1015.
Audi Deutschland (2015). Audi Newsroom. Das Portal für Medienprofis: Verfügbar unter http://www.audi-newsroom.de, abgerufen am 12.02.1015.
BASF SE (2015). Presse. Verfügbar unter https://www.basf.com/de/company/news-and-media.html, abgerufen am 12.02.1015.
Bertelsmann SE & Co. KGaA (2015). Bertelsmann Social Cloud. Verfügbar unter http://socialcloud.bertelsmann.com, abgerufen am 12.02.1015.
Cision (2014). Social Journalism Barometer. Verfügbar unter http://www.cision.com/de/ressourcen/die-social-journalism-studie-201314-deutschland-report, abgerufen am 12.02.1015.
Coca-Cola GmbH (2015). Media Newsroom: Verfügbar unter http://www.coca-cola-deutschland.de/media-newsroom/, abgerufen am 12.02.1015.
Creative Commons (CC) (2015). Verfügbar unter http://de.creativecommons.org, abgerufen am 12.02.1015.
Defren, T. (2006). The "Social Media Press Release Debuts" – Download the template today! PR squared. The next big thing is already here. Conversations about social media and marketing: Verfügbar unter http://www.pr-squared.com/index.php/2006/05/the_social_media_press_release , abgerufen am 12.02.1015.
Defren, T. (2007). The Social Media Newsroom Template Debuts – download a copy today. PR squared. The next big thing is already here. Conversations about social media and marketing. Verfügbar unter http://www.pr-squared.com/index.php/2007/02/the_social_media_newsroom_temp, abgerufen am 12.02.1015.
Design Chemical (2015). Design Chemical Plugins. Verfügbar unter http://www.designchemical.com/blog/index.php/premium-wordpress-plugins/wordpress-social-stream-plugin/, abgerufen am 12.02.1015.
Deutsche Post AG (2015). Logistics Newsroom. Verfügbar unter http://www.logistics-newsroom.de , abgerufen am 12.02.1015.
Ethority (2015). Verfügbar unter http://ethority.de/social-media-prisma/ , abgerufen am 12.02.1015.

6 Das digitale Schaufenster

Fürg, D. (2014). Social Secrets. Warum es bald keine Social Media Manager mehr geben wird. Verfügbar unter http://www.social-secrets.com/2014/10/warum-es-bald-keine-social-media-manager-mehr-geben-wird/, abgerufen am 12.02.1015.

Foremski, T. (2006). Die! Press release! Die! Die! Die! Von Silicon Valley Watcher. Verfügbar unter http://www.siliconvalleywatcher.com/mt/archives/2006/02/die_press_relea.php, abgerufen am 12.02.1015.

Heinz, P. (2/2015). Persönliches Interview mit dem Verfasser.

Infobroker.de (2015). Newsroom – Social Media Aktivitäten im Überblick. Verfügbar unter http://www.infobroker.de/newsroom/, abgerufen am 12.02.2015.

Kemp, S. (2015). Digital, Social & Mobile in 2015. Verfügbar unter Slideshare: http://de.slideshare.net/wearesocialsg/digital-social-mobile-in-2015, abgerufen am 12.02.2015.

Knüwer, T. (2013). Content Marketing: Die Deutsche Post als Nachrichtendienstleister. Verfügbar unter http://www.indiskretionehrensache.de/2013/10/deutsche-post-dhl-content-marketing/, abgerufen am 12.02.2015.

L'Auvergne en live (2015). My Auvergne. Verfügbar unter http://live.auvergne-tourisme.info/social-wall/, abgerufen am 12.02.2015.

Netvibes (2015). Von netvibes. Dashboard everything: Verfügbar unter http://www.netvibes.com/, abgerufen am 12.02.2015.

news aktuell GmbH (2014). Umfrage: Fast jeder zweite Journalist recherchiert täglich mobil. Vier von fünf Medienmachern wollen Pressemitteilungen mit Bild. Verfügbar unter http://www.presseportal.de/pm/6344/2654619/umfrage-fast-jeder-zweite-journalist-recherchiert-taeglich-mobil-vier-von-fuenf-medienmachern, abgerufen am 12.02.2015.

Oriella PR Network Global (2013). Digital Journalism Study 2013. The new normal for news. Verfügbar unter http://www.oriellaprnetwork.com/sites/default/files/research/Brands2Life_ODJS_v4.pdf, abgerufen am 12.02.2015.

Otto GmbH & Co KG (2015). Verfügbar unter http://www.otto.com/de/newsroom/index.php, abgerufen am 12.02.2015.

Pleil, T. (2014). Alles meins: Aus den Weiten des Social Web ins eigene Wohnzimmer. Verfügbar unter http://thomaspleil.wordpress.com/2014/03/04/alles-meins-aus-den-weiten-des-social-web-ins-eigene-wohnzimmer, abgerufen am 12.02.2015.

R+V Versicherungsgruppe (2015). Von Social Media Newsroom der R+V Versicherungsgruppe: Verfügbar unter http://www.ruv-newsroom.de/, abgerufen am 12.02.2015.

RebelMouse (2015). RebelMouse: Verfügbar unter https://www.rebelmouse.com/, abgerufen am 12.02.2015.

Ruisinger, D. (2012). Das Ende von Social Media wird kommen. Verfügbar unter https://dominikruisinger.wordpress.com/2012/02/27/das-ende-von-social-media-wird-kommen, abgerufen am 12.02.2015.

Ruisinger, D. (2014) Online Relations. Leitfaden für eine moderne PR im Netz. (2. Auflage Ausg.). Stuttgart.

Ruisinger, D. (2015). Zukunft Social Media? Eine Vision. In Bentele, Piwinger, & Schönborn (Hrsg.), Kommunikationsmanagement (Loseblatt) (Beitrag Nr. 5.80). Köln; verfügbar über https://dominikruisinger.wordpress.com/2015/04/16/zukunft-social-media-eine-vision/

Sanofi-Aventis Deutschland GmbH (2015). Social Media Newsroom. Willkommen bei Sanofi Deutschland. Verfügbar unter http://bit.ly/sanofinewsroom, abgerufen am 12.02.2015.

Shift Communications (2015). Verfügbar unter http://www.shiftcomm.com/downloads/smnewsroom_template.pdf, abgerufen am 12.02.2015.

SocialMedia Institute (SMI) (2013). Die besten Social Media-Plugins – Teil 1: Von Social-Media Institute (SMI). Verfügbar unter http://socialmedia-institute.com/wordpress-die-besten-social-media-plugins-teil-1-social-media-newsroom/ , abgerufen am 12.02.2015.
Solis, B. (2008). The Evolution of Press Releases. Verfügbar unter http://www.briansolis.com/2008/05/techcrunch-evolution-of-press-releases , abgerufen am 12.02.2015.
Solis, B. (2015). The Conversation Prism: Verfügbar unter http://conversationprism.com/ , abgerufen am 12.02.2015.
Stadt Frankfurt am Main (2015). Social Media Newsroom. Verfügbar unter http://www.smnr-frankfurt.de , abgerufen am 12.02.2015.
TourismusMarketing Niedersachsen GmbH (TMN) (2015). Presse-Pool Niedersachsen. Verfügbar unter http://www.presse-niedersachsen.de/index , abgerufen am 12.02.2015.
WienTourismus (2015). Social Media Newsroom. Wien. Jetzt oder Nie. Verfügbar unter http://socialmedia.wien.info/de/ , abgerufen am 12.02.2015.
Zerfaß, A. et al. (2014). European Communication Monitor 2014. Excellence in Strategic Communication – Key Issues, Leadership, Gender and Mobile Media. Results of a Survey in 42 Countries. Verfügbar unter http://de.slideshare.net/communicationmonitor/european-communication-monitor-2014, abgerufen am 12.02.2015.

II
Fallbeispiele

Fallbeispiel DATEV: Die Einführung eines Newsrooms als Changeprojekt

7

Christian Buggisch

Wie würde die Abteilung *Corporate Publishing* bei *DATEV* aussehen, wenn wir auf der grünen Wiese neu anfangen würden?[1] Mit dieser Frage habe ich mich zu Beginn des Jahres 2014 beschäftigt. Ich war über Artikel in Fachzeitschriften auf den *Siemens*-Newsroom in München aufmerksam geworden und nahm Kontakt zu Christoph Moss auf, der zuvor maßgeblich am *Siemens*-Modell mitgewirkt hatte. Unsere Zusammenarbeit sollte ergebnisoffen sein. Mir war es wichtig, zunächst die Ist-Situation zu analysieren, um zu sehen, ob ein Newsroom bei *DATEV* überhaupt sinnvoll ist. Es stellte sich heraus, dass die Einführung eines Newsrooms für uns ein anspruchsvolles Changeprojekt darstellen würde, das kommunikativ begleitet werden musste.

7.1 Vorbereitungsphase

Die *DATEV eG* ist eine genossenschaftliche Vereinigung mit mehr als 40.000 Mitgliedern. Unser Leistungsangebot umfasst Software für Rechnungswesen, Personalwirtschaft, betriebswirtschaftliche Beratung, Steuerberechnung und Organisation von Kanzleien und Unternehmen. *DATEV* wurde 1966 gegründet.

Zu Beginn des Jahres 2013 hatten wir unsere Marketing- und Kommunikations-Hauptabteilung umorganisiert. Seitdem gab es dort die Abteilung *Corporate Publishing*, die aus drei Teams bestand: *Online-Kommunikation, Zeitschriften-Kommunikation* und *Service-Kommunikation*. Diese Teams existierten auch vorher schon. Der Zuschnitt war also eher der Tradition geschuldet als organisatorisch

---

1 Der vorliegende Text ist unter Mitarbeit von Lara Behrens entstanden.

und betriebswirtschaftlich sinnvoll. Neu war, dass diese Teams nun Teil einer gemeinsamen Abteilung waren. *Corporate Publishing* bei *DATEV* zählt rund 40 Mitarbeiter. Neben *Markenführung und Marketing* und *Veranstaltungsmanagement* ist die Abteilung ein Teil der übergeordneten Hauptabteilung *Marketing und Kommunikation*. Das Projekt Newsroom bezog sich also nur auf einen Teil der *Marketing- und Kommunikations*-Hauptabteilung bei *DATEV*. Als weitere Besonderheit mussten wir beachten, dass die Pressearbeit bei *DATEV* von einem Team geleistet wird, das als Stabstelle beim Vorstandsvorsitzenden verankert ist.

Wir wollten eine Struktur schaffen, die aktuelle Probleme löst, aber auch die zukünftige Integration weiterer Themen und Medien ermöglichen sollte. Dazu sollte zunächst eine Ideenskizze für einen *DATEV*-Newsroom entstehen. Das Projektteam bestand neben dem Abteilungsleiter aus den drei Teamleitern, Christoph Moss, einer wissenschaftlichen Mitarbeiterin von *mediamoss* sowie Hartmut Jöhnk, Geschäftsführer der Beratungsfirma *Cegos*. Die Konzeptphase startete zunächst mit Interviews. Hartmut Jöhnk und Christoph Moss befragten die Teamleiter jeweils in Sechs-Augen-Gesprächen. Die Interviews dienten dem gegenseitigen Kennenlernen. Die Berater benötigten eine Vielzahl von Informationen, um die Abteilung zu verstehen, Prozesse nachzuvollziehen und Zuständigkeiten zu erfassen.

Ein zentrales Problem der Abteilung wurde in diesen Gesprächen offensichtlich: Die Zuständigkeiten der einzelnen Teams waren zwar formal klar geregelt; in der täglichen Arbeit aber zeigte sich, dass viele Themen für mehrere Medien relevant waren und dort jeweils eigenständig bearbeitet wurden. So kam es zu Doppelarbeiten, Redundanzen und schlimmstenfalls heterogenen Aussagen.

Alle drei Gespräche zeigten aber auch eine hohe Motivation der beteiligten Teamleiter. Die Berater gaben mir das Signal, auf dieser Ebene viel Vertrauen und Zuversicht in die Sache bei den beteiligten Personen verspürt zu haben – ein Umstand, der die Kommunikation in die Abteilung enorm erleichtern würde. Ich nahm dies zum Anlass, die Mitarbeiter meiner Abteilung darüber zu informieren. Sie sollten frühzeitig wissen, dass wir am Projekt Newsroom arbeiteten.

7.2 Konzeptphase

Erster Workshop mit dem Projektteam

Ein zweitägiger Workshop mit dem Projektteam bildete den Auftakt zur Konzeptphase. Zunächst stellte ich den Teilnehmern die Gründe und Ziele für das Projekt Newsroom vor. Dazu gehörten aus meiner Sicht die internen Herausforderungen genauso wie die dramatischen Veränderungen im Kommunikationsmarkt. Die

7 Fallbeispiel DATEV

Teamleiter erarbeiteten die Ist-Situation der in der Abteilung vorhandenen Themen und Kanäle.

Danach stellte Christoph Moss das Grundmuster des Newsroom-Konzepts vor, bestehend aus Strategieteam, Themen- und Mediendesks sowie mindestens einem CvD (Abbildung 7.1).

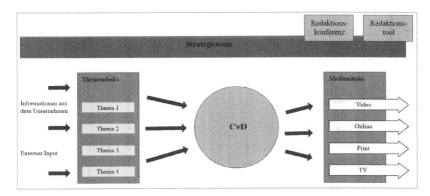

Abb. 7.1 Das Grundmuster des Newsroom-Modells bei DATEV nach Christoph Moss.

Er zeigte Beispiele zu dessen Umsetzung und berichtete aus seinen Erfahrungen mit vergleichbaren Projekten. Auf dieser Grundlage entwickelten die Teilnehmer des Workshops gemeinsam einen Entwurf für ein Zielbild des möglichen *DATEV*-Newsrooms. Dies beinhaltete die Auflösung der drei Teams in ihrer bisherigen Form und die übergreifende Aufteilung nach Themen- und Mediendesks. Im weiteren Verlauf arbeiteten die Teilnehmer an der Verfeinerung dieses Zielbildes. Zudem planten sie die weiteren Projektaktivitäten und überlegten, wo mögliche Hürden auftreten könnten. Gleichzeitig erarbeiteten sie aber auch die Vorteile, die sie zu folgenden Nutzenargumenten zusammenfassten:

- Zukunftsfähigkeit bei steigender Komplexität und sich verändernder Medienlandschaft beweisen
- Integration neuer Medien und Kanäle ermöglichen
- Doppelarbeiten und Redundanzen vermeiden
- Silodenken auflösen
- Fehler reduzieren
- Themen kommunikativ führen

- Themen selber setzen
- Expertise bestmöglich nutzen
- Transparenz schaffen
- Krisenkommunikation gut organisieren

Mit dem Newsroom-Konzept würde eine neue Organisationstruktur auf die *DATEV*-Mitarbeiter zukommen. Gleichzeitig würden – bei gleichbleibender Mitarbeiterzahl – neue Stellenprofile und Aufgaben geschaffen. Im Verlauf der folgenden Wochen beschäftigten sich die Teamleiter daher intensiv mit dem entwickelten Zielbild. Sie trafen sich intern, um Stellen und Aufgaben aber auch eine mögliche Besetzung der Positionen zu diskutieren. Dazu hatte Christoph Moss ihnen Beschreibungen für einige wichtige Stellen an die Hand gegeben, insbesondere für Strategieteam, Chef vom Dienst, Reporter und Editor.

Im nächsten Schritt rief ich die Mitarbeiter der Abteilung zur freiwilligen Mitarbeit an dem Projekt auf. Ich wollte den Kreis der Informierten erweitern, um Bedürfnisse und Zweifel der Mitarbeiter aufzunehmen. Außerdem wollte ich ihre Ideen in die Ausgestaltung des Konzepts integrieren.

Das Projektteam präsentierte dem Arbeitskreis das vorläufig entwickelte Modell und zeigte daran auf, wie mögliche Veränderungen in der Abteilung aussehen könnten. Dabei waren einige Punkte noch offen: Die Ausgestaltung der Themendesks beispielsweise könnte nach Geschäftsbereichen und fachlichen Ansprechpartnern im Unternehmen erfolgen oder aber nach Themenfeldern. Um solche grundlegenden Fragen diskutieren und Lösungen erarbeiten zu können, teilte das Projektteam die Interessierten in sechs Arbeitskreise auf. Jeder Arbeitskreis beschäftigte sich mit einem der sechs folgenden Arbeitspakete:

- Arbeitspaket 1: Ausgestaltung der Mediendesks
- Arbeitspaket 2: Ausgestaltung der Themendesks
- Arbeitspaket 3: Rolle/Stellenbeschreibung CvD
- Arbeitspaket 4: Rolle/Aufgabe Strategieteam
- Arbeitspaket 5: Ausgestaltung Redaktionskonferenz
- Arbeitspaket 6: Prozesse zur Validierung des Modells

Die Arbeitskreise sollten innerhalb einer Woche erste Ideen zu ihren Arbeitspaketen entwickeln und an den Abteilungsleiter schicken. Eine weitere Woche später sollte der nächste Workshop stattfinden. Dort sollten auch offene Fragen eingebracht und diskutiert werden. Die Arbeitskreise erarbeiteten gemeinsam Wünsche und Erwartungen an das Projekt:

- Höhere Qualität, bessere Beratung
- Weniger Silo, engere Zusammenarbeit über Teamgrenzen hinweg
- Vermeidung von Redundanzen, keine Doppelarbeit/-infos
- Klare Zuständigkeiten
- Mehr Effizienz, bessere Prozesse
- Besserer Überblick über Themen und Kanäle, mehr Transparenz
- Schnellere Reaktionszeiten
- Denken in Themen/Inhalten statt primär in Medien
- Mehr Crossmedialität

Erwartungsgemäß hatten die Mitarbeiter nicht nur positive Wahrnehmungen. Sie befürchteten unter anderem, dass es mehr Generalisten und weniger Spezialisten geben würde und dass sich dadurch Oberflächlichkeit zu Lasten der Qualität verbreiten könnte. Sie sorgten sich, dass eine unklare Aufgabenverteilung die Zuständigkeiten verschwimmen lassen würde und dass durch die Implementierung eines Chefs vom Dienst die Prozesse komplizierter würden. Das Bewusstmachen dieser Sorgen war wichtig, um die Mitarbeiter im weiteren Verlauf vom Konzept überzeugen zu können.

Zweiter Workshop

Der nächste Workshop fand im großen Rahmen statt. Alle Mitarbeiter, die teilnehmen wollten, waren eingeladen. Wir erlebten hier einen echten Fortschritt, weil die Ideen der Mitarbeiter aus den Arbeitskreisen direkt mit einfließen konnten. Das Projektteam differenzierte unter anderem das Profil der Redakteure in *fachliche Redakteure* und *technische Redakteure*. Auch zur Rolle des Chefs vom Dienst gab es konkrete Überlegungen: Es sollte möglicherweise mehr als einen CvD geben, um eine Vertretungsregelung im Falle von Krankheit oder Urlaub zu haben. Nicht jedoch sollte die Position des CvD rotierend besetzt werden.

Das Wichtigste in diesem Workshop war jedoch die Validierung des vorläufigen Modells anhand von Fallbeispielen. Dazu hatten die Arbeitsgruppen zuvor Vorschläge für typische Prozesse in der Abteilung gesammelt, anhand derer nun die Tauglichkeit des neuen Modells getestet werden sollte. Das Ergebnis war erfreulich: Die Fallbeispiele ließen sich alle auch im neuen Modell zufriedenstellend bearbeiten.

7.3 Realisierungsphase

Dritter Workshop

In den weiteren drei Monaten arbeiteten die Arbeitskreise intensiv an ihren Aufgabenstellungen und bereiteten damit den nächsten großen Workshop vor. Zu diesem wurde die gesamte Abteilung eingeladen und damit der Kreis noch einmal erweitert. Ich hatte immer wieder Zwischenstände an die Abteilung kommuniziert, um eine größtmögliche Transparenz herzustellen.

Trotzdem nutzten wir den Auftakt des dritten Workshops, um das Projekt noch einmal mit allen Hintergründen, Herausforderungen und Zielen zu erläutern. Anschließend präsentierte jede Arbeitsgruppe das Ergebnis zu ihrem Arbeitspaket. Es zeigte sich, dass die einzelnen Fragen schon sehr detailliert bearbeitet wurden. Auf diese Weise wuchs in der gesamten Abteilung erkennbar die Zuversicht, dass die Einführung eines Newsrooms tatsächlich funktionieren könnte.

In kleinen Gruppen formulierten die Mitarbeiter Qualifikationsprofile für die unterschiedlichen Desks. Im Kreise des Projektteams beschäftigten wir uns intensiv mit jeder einzelnen Aufgabe und mit jedem einzelnen Mitarbeiter. Im weiteren Projektverlauf sollte es persönliche Gespräche mit allen Mitarbeitern geben, um zu sehen, ob sie sich in der geplanten Rolle wiederfinden würden.

Auch für die Rolle des Chefs vom Dienst gab es Klarheit: Das Team einigte sich auf zwei Personen, die für diese Rolle in Frage kommen sollten. Das Projektteam definierte den Produktionsprozess für jedes Medium im Newsroom. Zum Ende des Workshops präsentierten die Mitarbeiter ihre Ergebnisse und stellten einen Plan für die weiteren Schritte auf.

7.4 Implementierungsphase

Nach diesen intensiven Vorarbeiten stand die konkrete Umsetzung des Konzepts in einen realen Newsroom an. Drei Aufgabenschritte waren dabei entscheidend:

- Wir mussten die Geschäftsführung informieren.
- Wir mussten den Betriebsrat informieren.
- Wir mussten die einzelnen Mitarbeiter informieren.

Etwa ein Jahr nach unserem Auftaktworkshop konnten wir mit den beiden CvDs die neue Aufgabe trainieren. Sie hatten die Rolle bereits innerlich angenommen. Sie würden sich künftig gegenseitig vertreten, so dass es immer einen ansprechbaren CvD gibt. Damit die Wechsel und Vertretungen reibungslos funktionieren, werden die beiden eng beieinander sitzen, sich ständig austauschen und gegenseitig informieren. Außerdem werden beide Mitarbeiter über den Tag versetzt arbeiten, so dass ein CvD über eine lange Zeit des Tages erreichbar ist.

Am 1. Juni 2015 starteten wir den Newsroom. Wir verzichteten zunächst auf eine räumliche Zusammenlegung der Büros. Viele Mitarbeiter bekamen aber neue Aufgaben. Die rund 40 Mitarbeiter im *DATEV*-Newsroom arbeiten nun aufgeteilt in drei neuen Teams: Zwei Teams sind verteilt auf die Themendesks, ein Team betreut die Mediendesks. Jedes Team wird von einem der bisherigen Teamleiter geführt.

Die Führungskräfte bilden gemeinsam mit dem Abteilungsleiter das Strategieteam. Sie haben übergeordnete Aufgaben: Strategie, Budget- und Personalverantwortung, Controlling, Kommunikation in die Geschäftsleitung und Vorstand. Die beiden CvDs sind direkt beim Abteilungsleiter angesiedelt und leiten den Newsroom inhaltlich. Sie koordinieren die Desks, moderieren die Konferenzen und entscheiden über Themen. Sie sind erster Ansprechpartner intern und im Haus.

An den Themendesks wird die inhaltliche Arbeit geleistet. Was man im Journalismus als Reporter bezeichnet, sind in unserem Sprachgebrauch Redakteure. Ein Themendesk befasst sich nun etwa mit Produkten. Hier werden alle Inhalte, News, Produktbeschreibungen und Servicedokumente zu unseren Softwareprodukten erstellt. Ein anderer Themendesk hat Personal und Soziales als Schwerpunkt. Dazu gehört der Karrierebereich im Web, Stellenanzeigen sowie interne und externe Mitarbeiterthemen.

An den Mediendesks werden unsere Medien betrieben und laufend weiter entwickelt. Dies umfasst Planung und Produktion unserer Kundenzeitschrift am Zeitschriften-Desk oder den Relaunch der Corporate Website am Online-Desk. Blogs und soziale Medien werden am Social Media Desk betreut. Werfen wir beispielhaft einen besonderen Blick auf diesen Desk: Hier findet das statt, was üblicherweise ein Social Media Manager macht (Buggisch 2015): Social Media Strategie, Auswahl, Pflege, Weiterentwicklung der Plattformen, Erfolgskontrolle und Schulungen.

Die Trennung in Themen- und Mediendesks verändert nun die Prozesse innerhalb unserer Abteilung. Ein Redakteur, der im Themendesk ein bestimmtes Thema verantwortet, konzentriert sich darauf, den Inhalt zu erstellen. Dies geschieht für alle Medien, für die dieser Inhalt relevant ist. Dazu gehören Medien der externen und internen Kommunikation ebenso wie Print- oder Online-Medien, Push oder Pull, One-Way-Kommunikation oder dialogorientierte Kommunikation.

Mit anderen Worten: Derselbe Redakteur, der die Nachricht zu einem bestimmten Thema verfasst, schreibt auch den passenden Tweet, einen Teaser auf Facebook oder einen assoziierten Blogbeitrag. Das ist keine Wissenschaft, die nur ein Social Media Manager beherrscht. Vielmehr muss der Social Media Manager die Redakteure im *DATEV*-Newsroom anleiten. Diejenigen, die bislang nichts mit Social Media zu tun hatten, muss der Social Media Manager in die Lage versetzen, auch diese Medien mit Content zu bestücken.

Weitere Aufgaben von ihm sind wie gewohnt: die Entwicklung und Weiterentwicklung einer Social-Media-Strategie, die Auswahl relevanter Plattformen, Erfolgskontrolle inklusive Entwicklung und Reporting von KPIs, die Beschäftigung mit technischen, rechtlichen und kommunikativen Besonderheiten von Social Media, Community Management und anderes mehr. Diese Tätigkeiten bilden im Newsroom sinnvollerweise einen eigenen Mediendesk, so dass es in dieser Organisationsform neben einem Online-, einem Offline- und einem Multimedia- auch einen Social-Media-Mediendesk gibt.

Die Chefs vom Dienst (CvD) sind für die Koordination zwischen den Desks verantwortlich. Sie sind erster Ansprechpartner für die Fachabteilungen. Sie kennen alle Themen und Aktivitäten und entscheiden im Zweifelsfall über Prioritäten. Zudem leiten sie die Redaktionskonferenz.

Täglich findet um 10 Uhr eine Morgenlage statt. An dieser etwa zehnminütigen Besprechung kann jeder Mitarbeiter aus der Abteilung teilnehmen. Zusätzlich sprechen wir uns einmal wöchentlich in einer großen Redaktionskonferenz ab. Zum ersten Mal gibt es nun also einen organisierten Austausch über die Themen der gesamten Abteilung. Darüber hinaus haben wir ein Planungstool etabliert, das auf SharePoint-Basis arbeitet. Wir können auf diese Weise den Input aus den Fachabteilungen genauso erfassen wie Themen, die wir selbst für wichtig erachten, sowie den Bearbeitungsstatus der einzelnen Themen verfolgen.

Für die Themenplanung gibt es vielfältigen Input aus dem Haus: etwa die jährliche Vermarktungs- und Vertriebsplanung, regelmäßige Kommunikationsanlässe wie Messen und Veranstaltungen, Corporate Messages aus der PR und natürlich auch die eigene Recherche. Hinzu kommen die Erkenntnisse aus den Monitorings. Dieser Input wird von CvDs und Themendesks verarbeitet, in eine mittel- und kurzfristige Planung überführt und dann realisiert.

7.5   Fazit und Ausblick

Die Einführung eines Newsrooms ist bei uns ein sehr großes und anspruchsvolles Changeprojekt gewesen (Schindler 2015). Jeder, der ein solches Projekt plant, sollte die Mitarbeiter von Anfang an einbeziehen. Einen solchen Newsroom einzuführen, ist nicht nur fachliche Arbeit, sondern vor allem auch Führungsarbeit. Gelingt dies, zeigen sich die Vorteile des Newsrooms schnell. Die herkömmliche Unterteilung von Redaktionen und Kommunikationsabteilungen in Print und Online mag der Besonderheit der einzelnen Kanäle gerecht werden. Effizienz und Einheitlichkeit im Sinne einer integrierten Kommunikation allerdings leiden darunter.

Eine Nachricht wird im Rahmen herkömmlicher Strukturen oft mehrfach verarbeitet: Ein Print-Redakteur bereitet sie für die (Kunden-)Zeitschrift auf, ein Online-Redakteur für die Website. Zwei Redakteure arbeiten also redundant am selben Thema, es existieren damit auch zwei Ansprechpartner für dieses Thema. Im Ergebnis ist der produzierte Content dann potenziell heterogen.

Im Newsroom dagegen trennen wir nun strikt nach Themen und Medien. An den Themendesks arbeiten Redakteure und erstellen Inhalte. Idealerweise gibt es für eine Nachricht nur einen Redakteur, der dieses Thema übergreifend verantwortet und bearbeitet. Er bereitet die Nachricht für unterschiedliche relevante Kanäle auf. An den Mediendesks werden die gelieferten Inhalte gegebenenfalls nochmal um Kanalspezifika angepasst und veröffentlicht.

Eine wichtige Rolle in diesem Modell hat der Chef vom Dienst. Er hat den Überblick über alle Themen, vermittelt zwischen den Desks, priorisiert und sorgt für einen reibungslosen Produktionsablauf.

Literatur

Buggisch, C. (2015): Der Social Media Manager im Newsroom-Kontext. Verfügbar unter: https://buggisch.wordpress.com/2015/02/02/der-social-media-manager-im-newsroom-kontext/, abgerufen am 06.06.2015.

Schindler, M. (2015): Ein Newsroom für die Unternehmens-Kommunikation? DATEV macht's vor. Verfügbar unter: http://www.mcschindler.com/2015/02/05/ein-newsroom-fuer-die-unternehmenskommunikation-datev-machts-vor/, abgerufen am 06.06.2015.

Fallbeispiel Deutsche Telekom: Der Newsroom als projektbasierte Poolorganisation bei der Abteilung COM

8

Lara Behrens und Tobias Merklinghaus

Die *Deutsche Telekom* ist mit rund 151 Millionen Mobilfunkkunden sowie 30 Millionen Festnetz- und mehr als 17 Millionen Breitbandanschlüssen eines der führenden integrierten Telekommunikationsunternehmen weltweit (Stand 31. Dezember 2014).[1] Der Konzern bietet Produkte und Dienstleistungen aus den Bereichen Festnetz, Mobilfunk, Internet und IPTV für Privatkunden sowie ICT-Lösungen für Groß- und Geschäftskunden. Die *Deutsche Telekom* ist in mehr als 50 Ländern vertreten und beschäftigt weltweit mehr als 220.000 Mitarbeiter. Im Geschäftsjahr 2014 erzielte der Konzern einen Umsatz von 62,7 Milliarden Euro, davon wurden mehr als 60 Prozent außerhalb Deutschlands erwirtschaftet (Deutsche Telekom AG 2015).

Veränderung ist für die Beschäftigten der *Deutschen Telekom* der Normalzustand geworden – und das wird sich auch nicht mehr ändern. Scharfer Wettbewerb und eine investitionsfeindliche Regulierung fordern die *Telekom* täglich neu heraus. In der externen Kommunikation gilt es, die Positionen und die Bedeutung des Unternehmens für Wirtschaft und Gesellschaft den Entscheidern sowie einer breiten Öffentlichkeit zu vermitteln und das Unternehmen als innovativen Partner zu positionieren. Dabei ist es eine wichtige Aufgabe der Unternehmenskommunikation, den Menschen in diesem sich wandelnden Unternehmen immer wieder Orientierung zu geben. Auf die unterschiedlichen Anforderungen muss sich die Kommunikationsabteilung *COM (Corporate Communications)* tagtäglich einstellen. Eine klare Strategie dazu, wie die verschiedenen Themen der Kommunikation mit Blick auf die unterschiedlichen Erwartungen der Stakeholder ausgestaltet werden, ist relevant für den Erfolg der Kommunikation.

Dabei stellt die Digitalisierung die Unternehmenskommunikation zusätzlich auf die Probe und ist zugleich eine große Chance: Die Mediennutzung und das Infor-

---

[1] Der vorliegende Text ist unter Mitarbeit von Peter Kespohl, Konzernpressesprecher der Deutschen Telekom, und Detlev Trapp, cidpartners, entstanden.

mationsverhalten haben sich deutlich verändert. Digitalisierung und zunehmende Vernetzung stellen längst klassische Kommunikationsmodelle in Frage. Neue Medien und Kanäle sind dazu gekommen, andere verlieren an Bedeutung. Gleichzeitig fordern die Anspruchsgruppen von den Unternehmen wie der *Deutschen Telekom* immer mehr Transparenz. Die Öffentlichkeit informiert sich gerade auf digitalen Plattformen mit einer großen Intensität. Wie kann *COM* auf diese veränderten Rahmenbedingungen reagieren? Bei dieser Frage mussten organisatorische und strategische Faktoren berücksichtigt werden.

8.1 Die Entwicklung der COM hin zu einer modernen und flexiblen Poolorganisation

Im Rahmen der konzerninternen Initiative *UK2010* löste die Telekom frühzeitig die zentralen Kommunikationsaufgaben aus den jeweiligen Vorstandsbereichen und zentralisierte sie in einer einheitlichen Unternehmenskommunikation[2]. Bereits im Jahr 2011 beschäftigte sich die Unternehmenskommunikation der *Deutschen Telekom* erneut mit ersten Ideen für eine Weiterentwicklung ihrer Organisation.

Als Anfang 2012 das Projekt *Shape Headquarters* ins Leben gerufen wurde, zeigte sich sehr schnell, wie wertvoll diese erste Vorbereitung sein sollte. Zielsetzung des Projekts war es, das Arbeiten in der Konzernzentrale effektiver und effizienter zu gestalten: durch einfachere Prozesse, klare Verantwortlichkeiten, mehr Marktnähe und die nachhaltige Stärkung der weltweiten Wettbewerbsfähigkeit der *Telekom*. Um dies zu erreichen, sollte die Konzernzentrale der *Deutschen Telekom* zu einer schlanken Steuerungseinheit mit reduzierten Führungsebenen umgebaut werden. Aufgaben ohne steuernden oder strategischen Charakter sollten in ein übergreifendes Servicecenter eingegliedert werden.

Konkret bedeuteten diese Pläne auch eine Reduzierung der Personalressourcen um 20 Prozent in 2012, bei etwa gleichem Umfang der Aufgaben. In der Unternehmenskommunikation hätte dies im schlechtesten Fall eine Aufteilung der Abteilung zwischen einer strategischen Steuerungseinheit in der Konzernzentrale und einem operativen Servicebetrieb mit der Einführung neuer Grenzen und zahlreichen Schnittstellen bedeutet. Die *COM*-Leitung konnte stattdessen durchsetzen, als Gesamteinheit aus einem Servicebereich heraus zu agieren, die gleichzeitig über eine direkte Aufhängung beim CEO verfügt.

---

2 Teile dieses Kapitels sowie die Grafiken wurden von der Kommunikationsabteilung der Deutschen Telekom AG zur Verfügung gestellt.

8 Fallbeispiel Deutsche Telekom

Die Umsetzungsphase des Projekts *Shape Headquarters* in den Jahren 2012 und 2013 traf die Unternehmenskommunikation zu einem Zeitpunkt mit hohen Belastungsspitzen im Tagesgeschäft. Dem *COM*-Team begegneten in dieser Zeit unter anderem große Themen wie die Auflösung der Vereinbarung zum Verkauf von T-Mobile USA an AT&T, zwei Vorstandswechsel hin zu den neuen – erstmals weiblichen – Vorständen Marion Schick und Claudia Nemat, und schließlich der bevorstehende CEO-Wechsel von René Obermann zu Timotheus Höttges.

Für die Abteilung *COM* bedeutete das Projekt *Shape Headquarter* so einen erneuten strukturellen und substantiellen Umbau unter hoher operativer Belastung – kurz nachdem sich die Prozesse und Kultur nach den Initiativen *One Company* und *UK2010* wieder eingespielt hatten. Gleichzeitig ergab sich nun die Chance, Schwachstellen der aktuellen (Matrix-)Organisation anzugehen und die Überlegungen zur Weiterentwicklung der Unternehmenskommunikation in Richtung einer *Poolorganisation* umzusetzen.

Die von der Geschäftsführung *COM* und der Konzernorganisation favorisierte *Poolorganisation* bezeichnet ein projektorientiertes und themenbasiertes Organisationsmodell, in dem ein Großteil der Mitarbeiter in einem Pool flexibel unterschiedlichen Aufgaben zugeordnet werden können. Es greift auch Aspekte auf, die der Leiter *COM*, Philipp Schindera, aus Gesprächen mit internen Kunden im Konzern und den *COM*-Beschäftigten bereits als erfolgskritisch für die Weiterentwicklung der *COM*-Organisation eingestuft hatte. Sein Ziel war es dabei, das Prinzip der Selbstorganisation stärker auf der organisatorischen Ebene zu verankern.

Gleichzeitig stellte auch die Wandlung der Kommunikationslandschaft in Richtung der digitalen Medien *COM* vor neue Herausforderungen. Wie die Leitung *COM* und der Führungskreis in ihren früheren Überlegungen zur Zukunft der Kommunikation bereits angenommen hatten, stieg mit neuen Kanälen und Kommunikationsformen sowie mit der wachsenden Menge und Geschwindigkeit von Informationen die Notwendigkeit, Kommunikatoren fachlich weiterzuentwickeln und die bisherige Ressourcenverteilung mit einem starken Fokus auf Pressearbeit zugunsten anderer Bereiche zu verschieben. Der gesamte Bereich *COM* sollte daher zukünftig anstelle der bisherigen Matrixorganisation flexibler und dynamischer über solche Themen gesteuert werden, die relevant für das Unternehmen und seine Stakeholder sind. Es galt von nun an die Losung „Von Silos zu Themenpools".

8.2 Das Prinzip der projektbasierten Poolorganisation: Trennung von Themen und Kanälen

Heute besteht die Abteilung *COM* aus rund 130 Mitarbeitern. Der Leiter Philipp Schindera berichtet direkt an den CEO. Ansonsten sind die Hierarchien wie gewünscht flach und die Strukturen offen. Seit seinem Amtsantritt 2014 setzt sich auch CEO *Tim Höttges* aktiv für ein weiteres Aufbrechen der sogenannten Silo-Mentalität ein (Höttges 2014: 12f.). Ehemals starre Strukturen mit vielen Hierarchieebenen und unflexibler Ressourcennutzung sind der *Poolorganisationsform* gewichen.

Die Logik hinter der projektbasierten *Poolorganisation* ergibt sich aus dem Namen. Die *COM* unterscheidet vier große *Themenpools* zu *Unternehmen, Personal, Produkte* und *IT* (Abbildung 8.1).

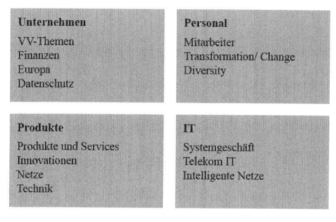

Abb. 8.1 Themenpools der Abteilung COM bei der Deutschen Telekom AG.

Verantwortet wird die inhaltliche Steuerung der einzelnen *Themenpools* und des jeweils aktuellen Projektspektrums durch jeweils einen Senior-Key-Account-Manager. Im klassischen Newsroom-Modell wäre dies Aufgabe des Chefs vom Dienst. Jeder Themenmanager ist für seine Themen voll verantwortlich über alle *Telekom*-Fachbereiche hinweg. Er stellt die Schnittstelle und das Eingangstor zu den jeweiligen Vorstandsbereichen dar. Die Themen sind nicht bereichsreglementiert und reichen von stetigen Themen *(Finanzen)* bis hin zu temporären Ereignissen *(Roll out Code of Conduct).*

Jeder Kommunikationsexperte bei *COM* wird zu einem oder mehreren *Themenpools* zugeordnet. Grundsätzlich kann sich jedoch jeder Mitarbeiter in der Abteilung *COM* parallel in unterschiedlichen Themenpools, Projekten und Rollen engagieren. Die Flexibilität der *Poolorganisation* ermöglicht es, dass – je nach Themenlage – einzelne Fachleute andere Pools bei hohem Arbeitsaufwand unterstützen. In einzelnen Themenfeldern wie etwa bei *Finanzen* haben sich Kernteams etabliert, die in saisonalen Spitzen wie zum Beispiel anlässlich einer Aktionärsversammlung durch weitere Mitarbeiter unterstützt werden. Ein kleinerer Teil der Mitarbeiter ist in projektübergreifenden Daueraufgaben tätig wie *Fotoredaktion, Medienkanalmanagement* oder *Poolmanagement.* Jede Tätigkeit sowie die entsprechenden Aufgaben und Verantwortlichkeiten sind in einem dezidierten Rollenkatalog beschrieben, der sukzessive weiterentwickelt wird. Kleinere feste Teams arbeiten im *Poolmanagement* sowie in den Bereichen *Strategie/Internationale Koordination* und *Events.*

Die Mitarbeiter in den *Themenpools* agieren nicht nur bereichs- sondern auch kanalübergreifend. Alle *Themendesks* können somit alle verfügbaren Kanäle nutzen. An dieser Stelle hat das Unternehmen die *Newsroom*-typische Trennung zwischen Themen und Kanälen umgesetzt: Im Vordergrund der organisatorischen Gestaltung bei der *Deutschen Telekom AG* steht das Thema – und nicht mehr wie in der Vergangenheit die unterschiedlichen Kanäle. Eine Trennung zwischen internen und externen Kanälen ist nicht mehr zu erkennen; vielmehr besteht hier eine Wechselwirkung.

COM steuert das Medienportfolio wirkungsvoll nach Inhalt und Kontext und erhöht durch einen intelligenten Kanalmix die Kommunikationseffekte. Zusätzlich werden eigene digitale Leitmedien als interaktive multimediale Kommunikationsplattformen etabliert, wie das *Telekom Social Network (TSN).* Zusätzlich berät *COM* die Vorstands- und Fachbereiche strategisch und operativ zu allen Themen der Kommunikation – von der klassischen Medienarbeit bis hin zu Digital Storytelling.

Die Mitarbeiter der Kommunikationsabteilung arbeiten hauptsächlich in der Zentrale in Bonn. Außerdem gibt es weitere regionale Büros in Berlin, Hamburg, Frankfurt und München. Zusätzlich zu den Kommunikationsmitarbeitern der COM in Deutschland arbeiten noch weitere Kommunikationsverantwortliche im In- und im Ausland.

8.3 Die Bezugsgruppen der Deutschen Telekom AG

Ein wichtiges Erfolgskriterium der Unternehmenskommunikation ist deren Kundenorientierung. Die entscheidende Frage dabei ist allerdings, welches Profil und welche Anforderungen die internen und externen Kunden haben. Aus den ursprünglichen externen Adressaten, den Journalisten, ist mittlerweile eine breitere Zielgruppe geworden, zu der auch Blogger und Analysten gehören. Um flexibel auf verschiedenste Anforderungen reagieren zu können, hat sich *COM* bereits frühzeitig zum Ziel gesetzt, mit flacher Hierarchie zu arbeiten. Wichtig war dabei von Beginn an, dass starre Strukturen abgeschafft werden und eine stärker themenorientierte Arbeit möglich wird. Die *Telekom* unterscheidet ihre Anspruchsgruppen in vier Segmente: Öffentlichkeit & Multiplikatoren, Kunden & Auftraggeber, Mitarbeiter & Arbeitsmarkt, Anteilseigner & Kontrollorgane (Abbildung 8.2).

Öffentlichkeit und Multiplikatoren	Kunden und Auftraggeber
Gewerkschaften Journalisten und Medien (Print, TV, Radio, Online) NGOs, Vereine Öffentliche Einrichtungen (Schulen, Kindergärten, etc.) Politische Entscheider Social Media-Akteure, Blogger Verbände Wettbewerber Wirtschaft und Forschung	Geschäftskunden Infrastrukturanbieter Lieferanten Partner Privatkunden Start-Ups

Mitarbeiter und Arbeitsmarkt	Anteilseigner und Kontrollorgane
Angehörige Betriebsrat Ehemalige Mitarbeiter Führungskräfte Mitarbeiter Nachwuchskräfte	Analysten Aufsichtsrat Banken Institutionelle Investoren Privatanleger Rating-Agenturen

Abb. 8.2 Die Stakeholder der Deutschen Telekom AG in Deutschland.

8.4 Parallelen zur Newsroom-Organisation: Themenplanung und Konferenzsystem

Für die Planung arbeitet die *COM* mit einem eigens entwickelten Instrument: dem *Group Communication Plan (GCP)*. Das Planungsteam bündelt darin alle Themen und Termine, die für die Kommunikationsabteilung relevant sind. Alle Kommunikatoren können darauf zugreifen. Aber nur das *GCP*-Team kann Themen und Termine einpflegen. Das Team versendet jeweils freitags den *GCP*-Newsletter, der einen Überblick über die Termine und Themen der kommenden Woche gibt (Abbildung 8.3).

8 Fallbeispiel Deutsche Telekom 153

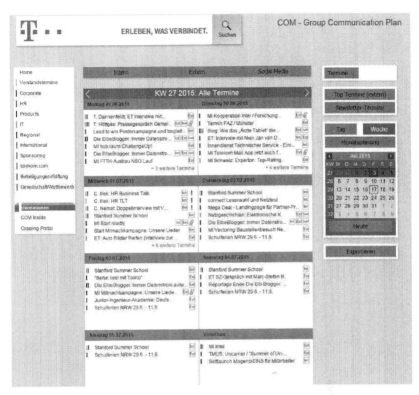

Abb. 8.3 Der Group Communication Plan (GCP) der Abteilung COM bei der Deutschen Telekom AG.

Jeden Morgen um 9:15 Uhr findet *COM*-übergreifend eine Morgenrunde statt. Feste inhaltliche Programmpunkte sind ein Rückblick auf den Vortag, eine Kurzanalyse des Pressespiegels und ein Überblick der externen und internen Kommunikation des aktuellen Tages. Montags gibt es darüber hinaus einen kurzen Ausblick auf die gesamte Wochenplanung. Sollten keine unvorhergesehenen Dinge passieren, bleibt dies die einzige festgelegte Konferenz. Andernfalls werden spontan Telekonferenzen einberufen. Jeden Abend findet per E-Mail eine Themenabfrage statt. Damit tauscht sich die Abteilung über Inhalte aus, zu denen Stellung bezogen wurde und die in der Zeitung oder anderen Medien auftauchen können. Auch neue Themen können hier eingebracht werden, die dann für die Planung am nächsten Tag berücksichtigt werden.

Jeden Donnerstag setzen sich im „Management-Download" die Key-Account-Manager, die Themenmanager und der Leiter Unternehmenskommunikation zusammen, um aktuell aus dem Vorstand und den Geschäftsleitungssitzungen zu berichten und gegebenenfalls Thematiken in die Themenplanung zu übernehmen. An jedem Freitag findet eine Koordinationsrunde mit einem Wochenrückblick und -ausblick statt, der in erster Linie der Abstimmung und Fein-Planung dient. Teilnehmer sind Vertreter jedes Themenpools und die Kanalverantwortlichen. Für die Konzernvorstandssitzungen werden regelmäßig die Themen aus der Kommunikation zusammengetragen. Die planbaren Kommunikationsthemen werden zu Jahresbeginn von jedem Geschäftsbereich gesammelt. Meist sind es etwa fünf Topthemen, die ein Bereich platzieren möchte.

8.5 Zusammenarbeit im Themenpool: Struktur durch einheitliche Instrumente

Für eine effiziente Arbeit der Themenmanager im Pool hat die *COM* Elemente entwickelt, die bei der Strukturierung und Umsetzung von Themen helfen. Der *Prozesskreisel* (Abbildung 8.4) beschreibt die idealtypische Zusammenarbeit *COM*-Themenpool.

Jeder der sechs Schritte wird aus Themenperspektive (Warum wird welches Thema wie kommuniziert?) und Ressourcenperspektive (Wen und was brauche ich wann in welchem Umfang?) betrachtet. Der Ablauf anhand des Prozesskreises ist dabei nicht linear, sondern kann in mehreren Schleifen erfolgen. Ergibt die Evaluation am Ende zum Beispiel die Notwendigkeit und Möglichkeit einer Anpassung hinsichtlich der Ressourcen, so kann zu dieser Phase des Prozesses zurückgesprungen werden. Das Gleiche gilt für jede andere Phase:

1. Der *Strategieprozess* dient der Entwicklung einer Kommunikationsstrategie zu einem konkreten Themengebiet, der Priorisierung von Themen und der ersten Projekt- und Themenplanung.
2. Das *Projekt-Sounding* und die *Projektumsetzung* finden im Rahmen der Ressourcenplanung statt und dienen der konkreten Identifikation finanzieller und personeller Bedarfe und Ressourcen.
3. Das *Staffing* setzt die identifizierten Bedarfe und Ressourcen (Personal und Finanzen) in eine konkrete Besetzung und zeitliche Planung um.
4. Der *Produktionsprozess* dient der Erstellung von Inhalten.

8 Fallbeispiel Deutsche Telekom

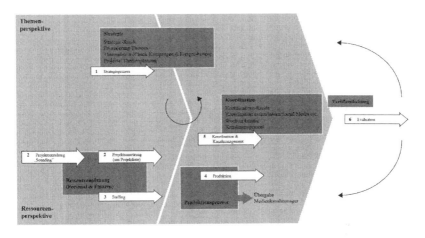

Abb. 8.4 Der Prozesskreisel der Abteilung COM bei der Deutschen Telekom AG.

5. Die *Koordination* und das *Kanalmanagement* bilden die Phase der operativen Tätigkeiten von grundsätzlicher Koordination bis Wochenplanung und Kanalmanagement.
6. Die *Evaluation* dient der Überprüfung der Zielerreichung und der Bewertung des Prozesses zur weiteren Verbesserung sowie als Entscheidungsbasis für das mögliche weitere Vorgehen.

Von zentraler Bedeutung für *COM* sind darüber hinaus stabilisierende Bausteine, die eine sinnvolle Balance zwischen stabilen Elementen und agilen, flexiblen und dynamischen Methoden und Arbeitsformen ermöglichen sollen – einer ständigen Herausforderung innerhalb der neuen Organisationsform. Die stabilisierenden Bausteine bilden das Skelett der Organisation. Um sie herum kann ein hohes Maß an Flexibilität stattfinden.

Die einzelnen Instrumente bauen inhaltlich aufeinander auf, greifen integrativ ineinander und schaffen Transparenz aus Ressourcen- und Themenperspektive (Abbildung 8.5). In ihrer Gesamtheit tragen sie dazu bei, dass der Bereich *COM* – bei aller neugewonnenen und gewünschten – Dynamik effektiv gesteuert werden kann und die Mitarbeiter ausreichend Orientierung erhalten.

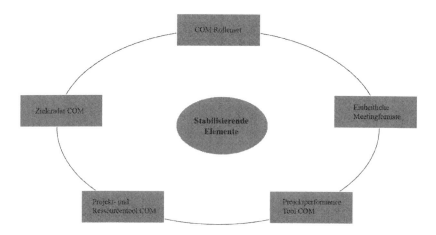

Abb. 8.5 Stabilisierende Elemente für den Prozesskreisel der Abteilung COM bei der Deutschen Telekom AG.

COM Rollenset – was muss erbracht werden

Das COM Rollenset kommt zum Einsatz, um Bedarfe innerhalb des Bereichs und für die Themenbearbeitung besser bewerten zu können und Projekte auf Basis der vorhandenen und benötigten Expertise zu besetzen (Abbildung 8.6). Das COM Rollenset beinhaltete im März 2014 insgesamt 43 Rollen, die kontinuierlich weiterentwickelt und zukünftig weiter zusammengefasst werden.

Das Projekt- und Ressourcentool – wer macht was

Das Projekt- und Ressourcentool dient der Erfassung von Zeiten nach Tätigkeiten und Rollen. Das für die *COM-Poolorganisation* neu entwickelte und geschaffene Tool ermöglicht so eine höhere Transparenz, sowie eine vereinfachte Steuerung und Evaluation, der jeweiligen Zuordnung der Mitarbeiter zu Projekten und Rollen.

Zieleradar – wie sieht die genaue Zielsetzung aus

Als eines der wesentlichen stabilisierenden Elemente in der neuen *Poolorganisation* dient das Zieleradar einer detaillierten Zielklärung zur besseren Projektsteuerung und Evaluation (Abbildung 8.7). Dazu erfasst es die Aspekte strategisches Ziel, Sinn und Zweck, Zielgruppe, Budget, Produkt/Ergebnis, Erfolgskriterien und benötigtes Personal. Das Zieleradar ist zu Beginn des Jahres oder des Kommunikationsprojekts

8 Fallbeispiel Deutsche Telekom

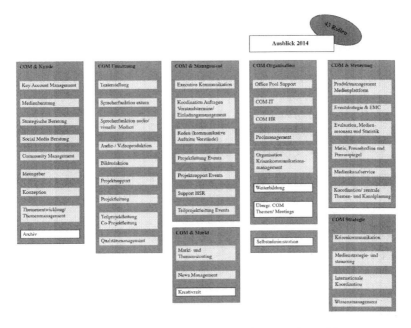

Abb. 8.6 Der Rollenkatalog der Abteilung COM bei der Deutschen Telekom AG.

eine verpflichtende Voraussetzung für Budget- und Ressourcenfreigabe. Entstanden ist das Zieleradar aus dem bei *COM* bereits vor mehreren Jahren eingeführten Zielekreuz, bei dem Kategorien und Leitfragen noch nicht ganz trennscharf formuliert waren und das die Perspektive der benötigten und eingesetzten Ressourcen vernachlässigt hatte. Auch die Verknüpfung zu übergelagerten Strategien und eine Einbettung/Nutzung in einen Gesamtprozess sind erst mit dem Zieleradar neu aufgenommen worden.

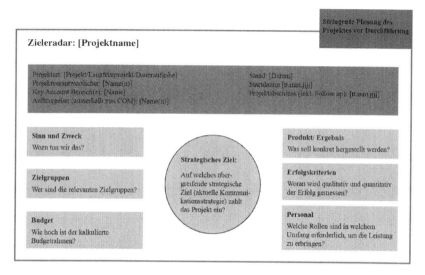

Abb. 8.7 Das Zieleradar der Abteilung COM bei der Deutschen Telekom AG.

Spielregeln für die Zusammenarbeit bei COM

Als Grundlage aller Tätigkeiten bei *COM* definierte ein Projektteam „Stabilität und Agilität" sieben „Spielregeln für die Zusammenarbeit bei *COM*" – sozusagen ein Ideal der gemeinsamen Arbeit unter den neuen Paradigmen der *Poolorganisation*:

- Fliegender Start
- Wettbewerb der Themen/Ideen
- Kreativ und konstruktiv
- Teilen für's Ganze
- Die Mischung macht's
- Pragmatisch handeln, statt in Schönheit sterben
- Der Wert falscher Entscheidungen

Die Spielregeln dienen als Richtschnur für jeden Einzelnen, Verhaltens- und Sichtweisen zu finden, die die individuelle Arbeit in der *Poolorganisation* für alle ermöglichen und erleichtern.

8 Fallbeispiel Deutsche Telekom

Kollaboration über die aktive Nutzung des Telekom Social Network (TSN)
Das *TSN* bietet aktiven Nutzern eine gute Hilfe, um an Informationen zu gelangen und den Arbeitsalltag übergreifend zu organisieren. Inzwischen hat das *TSN* konzernweit das bisherige Intranet abgelöst. Die *COM*-Mitarbeiter arbeiten nicht nur als Community-Manager und Themenredakteure intensiv mit dem neuen Medium; über eine *COM*-interne Gruppe „*COM*-inside" wird gleichzeitig auch die *Poolorganisation* mit wesentlichen Informationen versorgt und neue Kommunikationsprojekte bekannt gemacht und deren Umsetzung diskutiert. Der Vorteil des *TSN*: Es ist mit wenig Aufwand möglich, einen Beitrag zu posten und so in kurzer Zeit Hilfestellungen zu erhalten.

8.6 Fazit

Ein wesentlicher Schritt zu einer erfolgreichen *Poolorganisation* war die weitere Themenorientierung, die Flexibilisierung der Teamstrukturen zugunsten einer Projektorganisation und die Aufhebung der bisherigen strukturellen Trennung zwischen interner und externer Kommunikation. Dabei zeigte sich, dass diese „Neuorientierung" von allen Beteiligten ein radikales Umdenken und das Erlernen neuer Fähigkeiten als Community-Manager sowohl in der externen Kommunikation als auch in der internen Kommunikation mit dem neuen internen Medium *Telekom Social Network* erforderte – auf fachlicher wie auf persönlicher Ebene. Gleichzeitig sollte explizit eine transparentere und effizientere Kultur der Zusammenarbeit etabliert werden, die bisher Gutes fortführte und Überflüssiges beendete. Zusammenarbeit sollte gefördert, Innovation forciert und Leistung ermöglicht werden, um die Vorbildrolle der Unternehmenskommunikation zu füllen und das im Konzern propagierte *Sharing* als Ideal sichtbar zu leben.

Eine zentrale Voraussetzung für die erfolgreiche Einführung einer *Poolorganisation* war dabei ein ausreichender Reifegrad der Organisation und der beteiligten Personen. Der Bereich *COM* verfügt durch die kontinuierliche Organisations- und Personalentwicklung in den Vorjahren bereits über eine solide Grundlage zu Prinzipien der Selbstorganisation, dynamischer Zusammenarbeit und damit einhergehenden neuen Führungsprinzipien. Auf dieser Basis konnte *COM* von Beginn an stark von den Vorteilen des neuen Modells profitieren.

Die *Poolorganisation* fördert das Prinzip einer (noch) stärkeren Selbstorganisation durch höhere Transparenz und Förderung einer unternehmerischen Sichtweise. Durch integrative Themenbearbeitung und schnellere Integration neuer Ideen kann eine konsistente Geschichte leichter entstehen. Gleichzeitig ermöglichen die stärker projektbasierte Arbeit und die flexibleren Strukturen eine bessere Themenfokussierung und schnellere Reaktionen auf Veränderungen. Dies bildet einen deutlichen Gegenentwurf zu den herkömmlichen formalen Strukturen und der klaren Ressourcenzuteilung auf einzelne Bereiche.

Die geplante themenorientierte Zusammenarbeit sollte auf Basis von definierten Rollen stattfinden, die jedem Einzelnen neue Freiheiten bieten, gleichzeitig aber den Aufgabeninhalt klar definiert. Die hierfür notwendige transparente Kultur der Zusammenarbeit konnte nur entstehen, indem bei den *COM*-Mitarbeitern systematisch Fach-, Sozial- und Spezialkompetenzen weiterentwickelt wurden und sie zudem individuelle Förderung erhielten. Auch für die zahlreichen internen und externen Stakeholder von *COM* sollte die *Poolorganisation* deutliche Verbesserungen bringen. Zuvor hatten die vielen potenziellen Ansprechpartner in der Matrixorganisation beispielsweise mit einer Verantwortung ausschließlich für die interne oder externe Kommunikation *COM*-übergreifende Informationsbeschaffungs- und Klärungsprozesse verkompliziert. Nun existieren klare Key-Accounter-Strukturen und feste Ansprechpartner in einer themenorientierten Projektstruktur.

Die Einführung der *Poolorganisation* bei *COM* wurde bis Ende 2013 weitgehend beendet und kann als Erfolg bezeichnet werden. Um einen Eindruck zur Wahrnehmung der neuen *Poolorganisation* bei den Mitarbeitern zu bekommen, werden die regelmäßigen Pulsbefragungen des Konzerns als Indikator für kulturelle und individuelle Effekte gewählt, beispielsweise die Zufriedenheit mit dem Unternehmen betreffend. In der Pulsbefragung vom November 2013 beantworten von den teilnehmenden 99 Mitarbeitern der Unternehmenskommunikation 81 Prozent die Frage *Wie fühlen Sie sich in unserem Unternehmen?* mit *sehr gut* oder *gut*. Damit verbesserte sich der Wert im Vergleich zur Pulsbefragung vom Juni 2013 um zehn Prozentpunkte. 72 Prozent gaben an, die Veränderungen im Unternehmen seien für sie nachvollziehbar. In der Pulsbefragung vom Juni 2013 traf dies lediglich auf 55 Prozent der Befragten zu. Hinsichtlich der Vereinbarkeit von Arbeitspensum und Qualitätsanspruch im Team verbesserte sich der Wert der Zustimmung von 53 auf 65 Prozent. Insgesamt deuten die Ergebnisse der Pulsbefragung auf eine Verbesserung der Arbeitsbedingungen und Zufriedenheit mit diesen hin.

Durch die proaktive Neugestaltung ihrer Organisation hat die Unternehmenskommunikation als erste Konzerneinheit *Shape Headquarters* komplett umgesetzt. Damit nahm sie eine Vorreiterrolle im Konzern ein; aber auch als Unternehmen insgesamt ist die *Telekom* damit unter den DAX-Unternehmen Vorreiter in puncto neuer Arbeitsweisen.

Mit der *Poolorganisation* verbunden ist eine flachere Hierarchie, die von vier auf zwei Hierarchieebenen reduziert wurde. Die Wege sind kürzer und der Informationsaustausch hat sich insgesamt verbessert. Das im Rahmen von *Shape*

8 Fallbeispiel Deutsche Telekom 161

Headquarters vorgegebene Ziel der Kostenreduktion konnte bereits im Jahr 2013 erreicht werden. Mit einer Kostenreduktion um 28 Prozent wurde der angestrebte Wert sogar deutlich übertroffen. Dies ermöglicht der Kommunikation heute einen größeren Gestaltungsspielraum bei solider finanzieller Basis.

Literatur

Höttges, T. (2014). Antrittsrede an die Mitarbeiter als Vorstandsvorsitzender der Deutschen *Telekom* AG, Bonn.

Deutsche Telekom AG (2015). Über die Deutsche Telekom. Verfügbar unter: https://www.telekom.com/medien/produkte-fuer-privatkunden/281676, abgerufen am 14.07.2015

9 Fallbeispiel Sanofi Aventis: Einführung eines Newsrooms in die Unternehmenskommunikation

Lara Behrens

Kommunikationsabteilungen großer Unternehmen stehen vor der Herausforderung, 24 Stunden an sieben Tagen verfügbar zu sein. Die zunehmende Themenflut, ausgelöst vor allem durch Social Media, führt zu einer zunehmenden Nachfrage nach Unterstützung durch die Kommunikationsabteilungen. Der erhöhte Arbeitsaufwand, der damit einhergeht, muss in der Regel mit gleichbleibenden Ressourcen bewältigt werden. Daraus ergibt sich zwangsläufig die Frage, wie Themen und Kanäle effizienter bespielt werden können. Die Antwort darauf und der Trend großer Kommunikationsabteilungen von DAX 30-Konzernen, sich als Newsroom zu organisieren, verbunden mit einem Besuch beim Siemens-Newsroom, gaben für die Kommunikation von *Sanofi in* Deutschland letztlich den Ausschlag für eine Reorganisation der Abteilung als Newsroom. *mediamoss* fungierte dabei als Berater in der Strukturierung und Vorbereitung der Umorganisation.

Die Erwartung war, dass die Mitarbeiter in Zukunft

- besser vernetzt arbeiten,
- in Themen und Kanälen denken,
- Themen effizienter über die Kanäle spielen,
- sich in Redaktionskonferenzen mit allen Disziplinen abstimmen und so für Transparenz gesorgt ist.

Diese Herangehensweise sollte zu einer besseren transversalen Zusammenarbeit zwischen den einzelnen Disziplinen und einem höheren Output führen.

9.1 Das Unternehmen

Sanofi in Deutschland ist Teil des weltweit tätigen Gesundheitsunternehmens *Sanofi S.A.*, dessen Zentrale in Paris ist. Vorstandsvorsitzender ist Dr. Olivier Brandicourt. Das Unternehmen ist in mehr als 100 Ländern mit mehr als 110.000 Mitarbeitern vorwiegend auf den Gebieten *Diabetes und Herz-Kreislauf, Impfstoffe, Innovative Medizin, seltene Erkrankungen, Gesundheits- und CHC-Produkte, Schwellenländer* und *Tiergesundheit* aktiv. Das Portfolio umfasst innovative ebenso wie etablierte Arzneimittel, einschließlich der Medizinprodukte für ihre Anwendungen. Darüber hinaus bietet das Unternehmen eine Vielzahl von Therapien, Service- und Dienstleistungen.

Sanofi Deutschland hat seinen Sitz in Frankfurt am Main. Marketing und Vertrieb sind am Standort Berlin angesiedelt. Mehr als 9.400 Mitarbeiter arbeiten allein in Deutschland für eine bessere Gesundheitsversorgung. Sanofi deckt in Deutschland die komplette Wertschöpfungskette ab, von Forschung & Entwicklung über Produktion & Fertigung bis hin zu Marketing & Vertrieb.

Die Kommunikation der *Sanofi*-Gruppe ist dezentral organisiert. Die Kommunikationsstrategie wird von der Kommunikationsabteilung der Zentrale in Frankreich vorgegeben. Die Kommunikationsabteilungen der Landesgesellschaften brechen diese jeweils für ihr Land herunter und adaptieren sie an die nationalen Gegebenheiten und Bedürfnisse. Dabei sind sie relativ autark. Die Leitung der Kommunikation *Deutschland, Schweiz, Österreich* berichtet direkt an den Vorsitzenden der Geschäftsführung in Deutschland und die globale Kommunikation. Die *Sanofi*-Gruppe verfolgt eine Strategie der Diversifizierung mit Fokus auf die genannten Therapiegebiete. Daraus leitet sich die Kommunikationsstrategie ab.

9.2 Die Entwicklung des Newsrooms

Die Kommunikationsabteilung von *Sanofi* in Deutschland strebte eine neue Struktur an, die es ermöglichte, den steigenden internen und externen Anforderungen gerecht zu werden. Das Ziel war in erster Linie eine effiziente Organisation im Newsroom. Mehr Transparenz innerhalb der Abteilung sollte zu einer besseren Vernetzung der einzelnen Disziplinen führen, Themen sollten über mehrere Kanäle gespielt werden, ohne dass dadurch Mehrarbeit entsteht. Weiterhin sollten Abläufe durch eine bessere interne Abstimmung beschleunigt, Doppelarbeiten vermieden und Ressourcen besser genutzt werden.

9 Fallbeispiel Sanofi Aventis

Die erste Projektphase startete im Oktober 2013 mit der Festlegung der Ziele und der ersten Schritte.

- Der Output sollte ohne Veränderung der Mitarbeiterzahl optimiert werden.
- Die Effektivität und Effizienz sollten gesteigert werden.
- Die Abteilung sollte den Herausforderungen von innen und außen gerecht werden.
- Die Abteilung sollte auch im Krisenfall handlungsfähig sein.

Die Mitarbeiter der Abteilung sollten schrittweise einbezogen werden. Dazu wurden die notwendigen Projektschritte definiert:

- Eine *Vorbereitungsphase*, die alle organisatorischen Absprachen und Informationen beinhaltet, die für das Projekt notwendig sind.
- Die *Konzeptphase*, in der das Modell für *Sanofi* entwickelt wird, unter Berücksichtigung der Rahmenbedingungen, die eine solche Umstrukturierung notwendig machen, wie etwa Veränderungen im Medienmarkt und veränderte Arbeitsweisen der Journalisten.
- Die *Realisierungsphase* und die *Implementierungsphase* im Anschluss.

9.3 Das Newsroom-Konzept

Im Dezember 2013 wurden erste Ideen und ein grobes Konzept für den *Sanofi*-Newsroom entwickelt. Folgende Fragen waren zu klären:

- Ermöglicht die aktuelle Struktur eine einheitliche Kommunikation nach innen und außen?
- Ist eine aktive Steuerung der Kommunikation möglich?
- Werden alle gewünschten Zielgruppen erreicht?
- Liegt der Fokus eher auf Themen oder auf Kanälen?
- Ist die Kommunikationsabteilung rund um die Uhr reaktionsfähig?

Begrifflichkeiten und Rollen innerhalb des *Sanofi*-Newsrooms wurden definiert. Anpassungen des Newsroom-Konzepts für das *Sanofi*-Modell festgelegt. In das Projekt wurden nach und nach die Mitarbeiter der Kommunikationsabteilung einbezogen. Der eigentliche Kick off für den *Sanofi*-Newsroom fand bei einem Meeting mit den Teamleitern im Februar 2014 statt, bei dem umfassend über das Grobkonzept informiert wurde.

Abteilungsworkshop

In einem nächsten Schritt wurde der jährlich zweimal stattfindende *Strategieworkshop* im März 2014 genutzt, um das Konzept der gesamten Abteilung vorzustellen. Die Kommunikatoren erstellten im Workshop eine Übersicht über alle relevanten Kommunikationsthemen und definierten, über welche Kanäle diese gespielt werden sollten. Dies war die Basis für den künftigen Redaktionsplan des neuen *Sanofi*-Newsrooms. Das Redaktionsmeeting sollte von nun an regelmäßig stattfinden. Um die Redaktionskonferenzen effizient zu gestalten, wurden Konferenzregeln entwickelt. Die Kommunikationsmitarbeiter berichteten dabei auf Basis der vorher erarbeiteten Themen von den verschiedenen Projekten, den Inhalten und geplanten Kommunikationsinstrumenten. An vielen Stellen kamen sie in Diskurs, fragten nach Rationale und Hintergründen zu Themen und machten Vorschläge zu weiteren Kanälen – genau der Effekt, der erreicht werden sollte.

In der anschließenden Feedback-Runde wurde die große Aufgeschlossenheit der Teilnehmer für mehr Austausch und Kommunikation untereinander deutlich. Schon während der Gruppenarbeitsphase und Redaktionssitzung kristallisierte sich heraus, dass einige Themen innerhalb der Abteilung zuvor nur partiell bekannt waren.

Die Teilnehmer des Workshops kamen zu dem Konsens, den gemeinsamen Themenplan und die regelmäßigen Konferenzen umgehend einzuführen.

Einführung des Themenplans

Der Themenplan ist das gemeinsame Planungsdokument der Abteilung. Jeder Kommunikator macht seine Eingaben in den vorgegebenen Spalten:

- Aktionsdatum
- Aufgabe/Beitrag/Thema
- Teaser
- Textmaterial
- Bildidee
- Verantwortlicher
- Kanäle
  - Intranet lokal
  - Intranet global
  - *Internet*
  - *Twitter*
  - *Facebook*
  - *Google+*
  - *YouTube*

- Pressemitteilung Fachpresse
- Pressemitteilung Publikumspresse
- *Mitarbeiterzeitung*
- *ExpressNewsletter Deutschland*
- Broschüren
- Newsletter intern
- Newsletter extern
- Sonstige
- Deadline
- D-A-CH
- Status

Eine Sharepoint-Lösung für den Themenplan ist angedacht, um die Eintragung für das Team zu erleichtern und die Inhalte für Reportings besser extrahieren zu können. Die Abteilung arbeitet dann mit einer Art integriertem Redaktionssystem, das mehrere Funktionen vereint.

Redaktionskonferenz

Im *Sanofi*-Newsroom findet einmal wöchentlich eine Redaktionskonferenz statt. Diese Konferenz dient der Planung von Themen und Terminen. Sie soll gewährleisten, dass die Kommunikatoren über alle Themen informiert sind und sich Themen und Materialien für ihren Bereich ziehen können. Auf Basis des Themenplans berichten die Mitarbeiter kurz über die Themen der nächsten Woche. Sie legen dabei auch fest, welche Kanäle dafür geplant sind. Die Abteilungsleitung moderiert die Konferenzen.

In ihrer Abwesenheit wird eine Vertretung bestimmt. Kollegen, die nicht physisch anwesend sein können, schalten sich per Webcast oder Telefon zu. Die Redaktionskonferenz findet in einem Raum mit Stehtisch und Bildschirm statt, auf dem der Themenplan gezeigt wird. Das Stehen während der Konferenzen wurde bewusst gewählt, um die Konferenzen kurz zu gestalten. Die Redaktionskonferenz findet zusätzlich zu dem Jour fixe, Teammeetings und Strategie-Workshops statt.

9.4 Erkenntnisse aus dem Projekt

Bei *Sanofi Deutschland* war es wichtig, zunächst den Austausch der Kollegen untereinander zu verbessern und Transparenz hinsichtlich der zu bearbeitenden Themen und Projekte herzustellen. Daher sind der Themenplan und die Redaktionskonferenz eingeführt worden, bevor die Abteilung reorganisiert wurde. Interviews mit den

Mitarbeitern der Kommunikationsabteilung zeigten, dass es nach der Einführung der Redaktionskonferenz insgesamt eine hohe Zufriedenheit aufgrund dieser Neuerungen gibt und sich Verbesserungen eingestellt haben.

Die Mitarbeiter hatten zu Beginn des Projekts zu wenig Kenntnis von den Themen, die von anderen Kommunikatoren bearbeitet wurden. Teilweise erfuhren Kollegen erst spät von Themen, die möglicherweise auch interessant für die eigenen Kanäle gewesen wären. So wurden Projekte manchmal mehrfach bearbeitet oder Informationen und Material nicht ausgetauscht.

Durch die zuvor fehlende Trennung zwischen Themen- und Kanalverantwortlichen musste sich jeder Mitarbeiter selbst um die Umsetzung seines Themas kümmern. Da dies für den Themenverantwortlichen mehr Aufwand bedeutet, wurden Synergien nicht wie gewünscht genutzt. Als nächstes sollen die Rollen und Aufgaben der Themen- und Kanalverantwortlichen definiert werden. Die Funktion eines Chefs vom Dienst liegt bei der Leiterin der Abteilung.

Neuorganisation der Abteilung Kommunikation

Ende 2014 startete die Reorganisation der Abteilung Kommunikation. Ziel war es, den Newsroom auch in der Organisation abzubilden. Hierzu wurden zum April 2015 die interne und externe Kommunikation zusammengelegt. Innerhalb dieses Teams wurden Themengebiete und interne und externe Kanäle eingeführt. Die Reorganisation und Change Kommunikation begleitete eine Organisationsberaterin. In mehreren Workshops mit den betroffenen Kommunikatoren wurde die neue Struktur erarbeitet und die Aufgaben neu verteilt. Innerhalb des Unternehmens wurde die neue Struktur der Abteilung Kommunikation top down kommuniziert.

Das Projekt Newsroom bei *Sanofi* in Deutschland ist noch nicht abgeschlossen. In einem nächsten Schritt werden die Berater gemeinsam mit der Kommunikationsabteilung ein Effizienzsystem entwickeln, mit dem Ziel, Messgrößen zu definieren.

Fallbeispiel Porsche: Ein Social Media Newsroom für Journalisten, Blogger und Online-Multiplikatoren

10

Josef Arweck

Transparent informieren und das mit zeitgemäßen Instrumenten – mit dem *Porsche Newsroom* hat der Stuttgarter Sportwagenhersteller seine Öffentlichkeitsarbeit in das digitale Zeitalter geführt.[1] Die Internet-Plattform kombiniert Social-Media-Inhalte mit einem reichhaltigen redaktionellen Angebot. Sie ist damit Corporate Blog, Online-Magazin und Social Media Hub zugleich. Dieser Ansatz birgt viele Vorteile. Die klassische Pressemitteilung hat zwar nach wie vor einen hohen Stellenwert in der Zusammenarbeit mit Journalisten, allerdings rücken neue Instrumente und Zielgruppen immer stärker in den Vordergrund. Blogger und Nutzer von sozialen Medien gewinnen für Unternehmen massiv an Relevanz. Außerdem arbeiten Medienschaffende verstärkt online. Nun haben sie eine zentrale Anlaufstelle im Web, die ihnen nicht nur exklusive Informationen bietet, sondern auch eine breite Palette an Zusatzinfos wie Pressemitteilungen, Fotos, Videos zum Download zur Verfügung stellt. Schnell, aktuell und umfassend.

10.1 Kommunikation bei Porsche

Die *Dr. Ing. h.c. F. Porsche AG* ist seit 2009 Teil des Volkswagen Konzerns. Im Geschäftsjahr 2014 hat *Porsche* 189.849 Fahrzeuge ausgeliefert. Der Umsatz lag bei 17,2 Milliarden Euro. Die Anzahl der Mitarbeiter erreichte mit 22.401 Personen zum Jahresende einen neuen Höchststand.

In der Kommunikation bei *Porsche* sind etwa 70 Mitarbeiter in den Abteilungen Produkt- und Technikkommunikation, Politik und Außenbeziehungen, Finanzkom-

---

[1] Der vorliegende Text ist unter Mitarbeit von Simon Albers und Katharina Ellmayer entstanden.

munikation und Investor Relations, Museum sowie Unternehmenskommunikation beschäftigt. Sie alle liefern Input an eine zentrale Redaktion, die als Schnittstelle im Unternehmen fungiert. Hier werden die Themen gesammelt, multimedial aufbereitet und über die zur Verfügung stehenden Kanäle ausgespielt – extern über den *Porsche Newsroom*, die Webseite *Porsche.com*, soziale Medien sowie das Kundenmagazin *Christophorus* (Abbildung 10.2), intern über die *Carrera*-Medien:

- *Carrera Magazin:* Das Mitarbeitermagazin (Abbildung 10.1) erscheint viermal jährlich in einem Umfang von fünfzig bis sechzig Seiten. Mit einer Auflage von 26.000 Exemplaren wird es an die Belegschaft und an Kollegen im Ruhestand verteilt.
- *Carrera Standortzeitung:* Zweiwöchentlich werden Ausgaben für die Standorte Zuffenhausen, Weissach und Leipzig produziert. Der Fokus der vierseitigen Zeitung im Tabloid-Format liegt auf aktuellen Inhalten und standortbezogenen Nachrichten. Die gedruckte Auflage beträgt 11.000. Als digitale Version kann sie im Abo bestellt werden.
- *Carrera Mail:* Der internationale Newsletter wurde speziell für die Belegschaft im Ausland entwickelt. Neben Themen aus der Mitarbeiterzeitung enthält der Newsletter in deutscher und englischer Sprache gesonderte Inhalte von internationalem Interesse.
- *Carrera Online:* Das Intranet ermöglicht es, die Mitarbeiter schnell und umfassend zu informieren. Im Nachrichtenportal, dem Herzstück von *Carrera Online*, finden die Kollegen täglich neue crossmediale Inhalte.
- *Carrera TV:* Seit 1994 produziert *Porsche* inhouse Videos für die Belegschaft. Mindestens zwei Beiträge entstehen durchschnittlich pro Woche, die die Mitarbeiter sowohl über das Intranet als auch über 40 TV-Säulen im Unternehmen abrufen können. Hinzu kommen diverse Specials zu Produktneuheiten, Pressekonferenzen oder Events wie etwa dem *Porsche Tennis Grand Prix*.

10 Fallbeispiel Porsche

Abb. 10.1 Titelseite des Mitarbeitermagazins Carrera.

Abb. 10.2 Titelseite des Kundenmagazins Christophorus.

10.2 Warum ein Newsroom sinnvoll ist

Meinungsmultiplikatoren sind auf Informationen aus Unternehmen angewiesen. Es stellt sich allerdings die Frage, wie sich Inhalte genau auf Journalisten, Blogger und Online-Multiplikatoren zuschneiden lassen: Die Studie „Kommunikationsprofis, Journalisten und das Web" von *Faktenkontor* und *news aktuell* zeigt, dass neun von zehn Pressesprechern ihre Mitteilungen nicht mehr allein an Journalisten richten, sondern dass Kunden, Vertreter der Marketing-Branche, Wettbewerber und die Öffentlichkeit mittlerweile ebenfalls relevante Zielgruppen sind (news aktuell 2013). Fast 1.500 Unternehmenssprecher, Agenturmitarbeiter und Medienvertreter haben an der Umfrage teilgenommen. Nach Bart Verhulst, Mitgründer des Social-Media-Newsroomprogramms *Presspage*, wird es für Unternehmen zunehmend schwieriger, von den Medien wahrgenommen zu werden – allein schon, weil die Zahl der Journalisten sinkt. Deshalb sollten sich Corporate Newsrooms auch an die breite Öffentlichkeit wenden (Working 2014).

Unter diesen Gesichtspunkten ist eine breite Adressierung nachvollziehbar. Journalisten und Meinungsmultiplikatoren wird die Arbeit aber erschwert, wenn handwerkliche Aspekte der alltäglichen Arbeit außer Acht gelassen werden. In einer Studie zeigt Sally Falkow, Geschäftsführerin des auf Social Newsroom-Technologien spezialisierten Unternehmens *PRESSfeed*, dass Corporate Newsrooms häufig versagen; sie bieten Journalisten nicht die Links und Inhalte, die sie wirklich gebrauchen können. Häufig verstehen die Betreiber der Newsrooms nicht, welche Inhalte und Zusatzleistungen für Journalisten tatsächlich von Bedeutung sind, was ihnen die Arbeit erleichtert und inwiefern die Inhalte für Journalisten leserlicher gestaltet werden sollten (Working 2014). Darunter fällt beispielsweise die Bereitstellung von Bildmaterial: Bilder erleichtern es Journalisten maßgeblich, Geschichten zu verfassen, da diese eine große Rolle für das Verständnis von Texten von Seite der Leser spielen. Viele Journalisten arbeiten unter Zeitdruck, weshalb Fotos auch für die Vermittlung von Informationen für sie selbst eine herausragende Bedeutung einnehmen.

Die Umfrage „Recherche 2014" von *news aktuell* zeigt, dass es für vier von fünf Redakteuren „wichtig" oder „sehr wichtig" ist, Pressemeldungen zusätzlich mit Bildern zu erhalten (news aktuell 2014). Interessanterweise sind Bilder nicht nur für schreibende Journalisten wichtig: Fast zwei Drittel der befragten Audioredakteure stufen Bilder von Unternehmen und Organisationen als „wichtig" oder sogar „sehr wichtig" ein. Bei den Videoredakteuren teilen drei Viertel diese Ansicht (ebd.). Die Umfrage zeigt außerdem, dass es sich hierbei auch durchaus um Imagebilder und PR-Material handeln kann; ein Drittel der befragten Redakteure verwendet täglich Originalfotos von Unternehmen und Organisationen und ein weiteres Viertel einmal wöchentlich.

Dieses Bedürfnis nach Informationen in Verbindung mit Bildern wird Falkow zufolge nur bedingt befriedigt: In der PR versehen lediglich 38 Prozent ihre Inhalte mit Bildern (Meyer-Gossner 2014). Offenbar haben Corporate Newsrooms häufig Schwierigkeiten, Journalisten Bilder zur Verfügung zu stellen. 39 Prozent aller Unternehmen bieten zwar Bildergalerien an, doch 49 Prozent scheitern daran, Bilder auszuwählen, die den Qualitätsstandards für Veröffentlichungen entsprechen (ebd.). Neben Bildmaterial verbessern auch Videos und PDF-Dokumente die Resonanz auf Pressemitteilungen und Neuigkeiten – eine Ansicht, in der sich 81 Prozent der Pressevertreter und 87 Prozent der Vertreter von PR-Agenturen innerhalb der *news aktuell*-Studie einig waren.

Ebenfalls von großer Bedeutung: die sozialen Medien. Diese werden von Journalisten regelmäßig für die Recherche eingesetzt (news aktuell 2014): Mehr als ein Drittel der befragten Redakteure informiert sich auf *Facebook* über relevante News. Hierbei handelt es sich um das am meisten genutzte soziale Netzwerk unter Journalisten. Dahinter befinden sich *YouTube* (30 Prozent) und *Google+* (21 Prozent). *Twitter* nutzen 25 Prozent – dabei sind dort viele Journalisten, einflussreiche Blogger und Onlinemultiplikatoren aktiv. In den USA ist der Mikroblogging-Dienst besonders beliebt, doch in Deutschland kommt dieser Trend nur mit Verzögerung an.

Dem *Porsche Newsroom* kommt *Twitter* aufgrund seiner Schnelligkeit und Direktheit entgegen. Über den Account *@PorscheNewsroom* werden regelmäßige Updates aus der *Porsche*-Welt publiziert und auf Artikel im *Porsche Newsroom* verlinkt. Außerdem haben die Nutzer hier die Möglichkeit, direkt mit der Redaktion in Kontakt zu treten.

Aber auch auf anderen Social-Media-Kanälen ist *Porsche* präsent:

- *Facebook,*
- *Twitter,*
- *YouTube,*
- *Google+,*
- *Instagram,*
- *Pinterest* und
- *Vine.*

Was bisher fehlte: Eine Plattform, die diese Kanäle verbindet. Der *Porsche Newsroom* ändert das. Der Rechercheaufwand für Journalisten wird damit deutlich minimiert – auch durch die SEO-Optimierung der Inhalte. Der *news aktuell*-Befragung zufolge sind Suchmaschinen erwartungsgemäß die beliebteste Recherchequelle. 95 Prozent der befragten Redakteure nutzen Google und vergleichbare Anbieter. Websites von Unternehmen nutzen fast drei Viertel der Befragten für die Onlinerecherche (news aktuell 2014).

10.3 Der Porsche Newsroom in der Konzeptphase

Das Konzept für seinen Newsroom hat *Porsche* vollständig intern entwickelt. Bei der Implementierung war die Agentur *C3 Stuttgart Creative Code and Content GmbH* der federführende Partner. Ziel war es, eine zentrale Plattform anzubieten, die aktuelle Nachrichten und Hintergründe aus dem Unternehmen, multimediales Zusatzmaterial und Social-Media-Inhalte bündelt. Jeder Artikel ein eigenes Themenportal – so das Motto.

Aber was muss ein Social Media Newsroom inhaltlich wirklich bieten? Welche Optik ist ansprechend, porsche-typisch und nutzerfreundlich? Und wie kann das Ganze technisch umgesetzt werden? In einer rund sechsmonatigen Planungsphase wurden diese Fragen beantwortet und über verschiedene Studien die Anforderungen die Zielgruppen – Journalisten, Blogger und Online-Multiplikatoren – identifiziert. Gemeinsam mit wissenschaftlichen Mitarbeitern der Agentur *mediamoss* wurden Nachwuchs-Fachleute aus Journalismus, Marketing und PR in Fokusgruppen befragt.

Die Ergebnisse zeigen, dass angehende Journalisten viel Wert auf die Herkunft von Artikeln legen: Sie bevorzugten Texte, die von Journalisten verfasst wurden. Ebenfalls schätzten sie die Beiträge von PR-Stellen als wichtig ein. Die Arbeit von Bloggern hingegen hielten sie für amateurhaft und besonders beeinflussbar. Neben der Website war ihnen *Facebook* zur Informationsbeschaffung besonders wichtig, auch wenn sie *Twitter* als journalistischer und seriöser einstuften.

Am häufigsten waren sie mit dem Smartphone online – sowohl unterwegs als auch zuhause. Den Entwurf des Newsrooms fanden sie innovativ, allerdings betonten sie die Wichtigkeit von Responsive Design; also einer Darstellung, die sich an die Anforderungen des Endgerätes anpasst.

Für die befragten PR-Studierenden war es ebenfalls besonders wichtig, dass Beiträge von Journalisten verfasst werden, aber auch die Informationen von Bloggern und Fans schätzten sie als wichtig ein. Sie waren der Meinung, dass neben der Unternehmens-Website die Kanäle *YouTube* und *Facebook* wichtig seien und dass der Newsroom exklusive Inhalte bieten müsste.

Die Marketing-Studenten legten im Vergleich sehr wenig Wert darauf, dass ein Artikel von einem Journalisten verfasst wird. Im Gegenteil: Sie beschrieben Beiträge von Fans als besonders wichtig, da diese besonders ehrlich seien. Ähnlich interessant fanden sie Informationen aus Communities oder von Bloggern.

Alle drei Gruppen hatten gemein, dass sie am häufigsten mit dem Smartphone online waren – wenn auch nicht ausschließlich: Jeder Teilnehmer nutzte außerdem noch mindestens einen Laptop, einen Computer oder ein Tablet. Das Smartphone diente allen sowohl zur Kommunikation als auch zur schnellen Information. Eine optimale

Darstellung und Funktionalität auf Desktop-Rechnern und mobilen Endgeräten wurde als wichtig angesehen. Alle Teilnehmer waren gut über soziale Medien erreichbar.

Die Ergebnisse hielten Einzug ins Konzept des *Porsche Newsroom*: Sowohl technisch – mit dem Content-Management-System Magnolia wurde die Basis für ein Responsive Design geschaffen – als auch inhaltlich. So legt die Redaktion großen Wert auf journalistisch aufbereitete Texte, auf exklusive Geschichten aus erster Hand und auf Aktualität. An durchschnittlich sieben Tagen die Woche erscheint ein neuer Artikel auf der Startseite. Die Themen decken alle relevanten Bereiche ab – Unternehmen, Produkte, Motorsport, Historie und Technik (Abbildung 10.3). Um möglichst viele Synergien zu nutzen, stammen die Inhalte aus diversen *Porsche*-Quellen. Von den Mitarbeitermedien über die Kundenzeitschrift, Pressemitteilungen, Geschäftsbericht und natürlich die sozialen Netzwerke. Und zunehmend stehen auch exklusiv produzierte Geschichten auf dem Redaktionsplan. Außerdem werden externe Stimmen eingebunden: Journalisten, Blogger, Experten kommen zu Wort und ermöglichen den Blick über den Tellerrand. Stichwort: kuratierter Content.

10.4 Einführungsphase

Am 15./16. Juni 2014 kehrte *Porsche* nach 16 Jahren wieder in die Königsklasse des legendären 24-Stunden-Rennens von Le Mans zurück – ein Ereignis, das weltweit mediales Aufsehen erregte, und somit der ideale Zeitpunkt, um mit einem neuen Kommunikationskanal online zu gehen. Und so begleitete *Porsche* die Vorberichterstattung ab dem 10. Juni auch im Newsroom – mit exklusiven Inhalten zu Le Mans. Im Fokus standen zu diesem Zeitpunkt Motorsport-Journalisten, Interessierte und Online-Multiplikatoren. Nach dem Rennen wurde das Themenfeld auf andere Unternehmensbereiche ausgedehnt und die Zielgruppe damit auf alle Pressevertreter erweitert.

In beiden Phasen flankierte eine Kommunikationskampagne die Einführung – dabei konzentriert sich *Porsche* bewusst auf neue Kanäle wie *Twitter* und *Vine*. Täglich gepostete E-Cards zu einzelnen Artikeln sollten ebenso Neugier wecken wie kurze Videos. Höhepunkt der Maßnahmen war ein Infospot mit der Tennisspielerin und *Porsche*-Markenbotschafterin Maria Sharapova, der ebenfalls exklusiv über die sozialen Netzwerke gestreut wurde. Online-Multiplikatoren wurden von Anfang an stark eingebunden.

10 Fallbeispiel Porsche   177

Abb. 10.3 Startseite des Porsche Newsroom.

10.5 Bewertung und Ausblick

Mit einem breiten Angebot an multimedial aufbereiteten Nachrichten und Hintergründen aus dem Unternehmen und einer direkten Verknüpfung mit allen Social-Media-Kanälen hat sich der *Porsche Newsroom* als zentrale Anlaufstelle der Informationsbeschaffung etabliert. Genau ein Jahr nach seiner Einführung wurde er mit dem *Deutschen Preis für Onlinekommunikation* ausgezeichnet und zum „Newsroom des Jahres 2015" gekürt. Der *Porsche Newsroom* präsentiere „relevanten Bezugsgruppen nutzer- und nutzenorientierte Inhalte in einfacher

Form, gut strukturiert und digital versammelt", lautete die Begründung der Jury (C3 2015). Dazu einige Zahlen:

- Im ersten Halbjahr 2015 ist die Zahl der Page Impressions um 117 % gestiegen.
- Die mobilen Zugriffe haben sich in diesem Zeitraum verdreifacht.
- Die Nutzer lesen im Schnitt 3,8 Artikel pro Visit.
- Die Seite erreicht einen hohen Anteil an Stamm-Nutzern, knapp 40 %.
- Durchschnittlich werden die Artikel 27 Mal geteilt.

Geradezu explosionsartig hat sich die Verbreitung auf *Twitter* entwickelt. Am Tag des Go-Lives, dem 10. Juni 2014, folgten 245 Personen dem Account *@PorscheNewsroom*. Nach fünf Wochen wurde die Marke von 1.000 Followern überschritten. Ein Jahr nach Einführung waren es bereits 104.000.

Fazit: Mit dem *Porsche Newsroom* erhalten Journalisten und Blogger Informationen schneller, können sie auf unterschiedlichen Kanälen verarbeiten und schaffen somit eine effiziente und medienübergreifende Berichterstattung. Aber auch die breite Öffentlichkeit hat Zugriff auf die Inhalte. Stichwort: Open Source. So kann jeder Nutzer zum Multiplikator werden. Der Vorteil der Adaption dieses journalistischen Modells in der Unternehmenskommunikation liegt damit auf der Hand.

Literatur

Arweck, J. (2014). Porsche und der Newsroom: Interview mit Dr. Josef Arweck. Verfügbar unter: https://mediamoss.wordpress.com/2014/06/, abgerufen am 05.07.2015.
C3 (2015). Öffentlichkeitsarbeit für das digitale Zeitalter: Was den Porsche Newsroom zum besten Online Newsroom Deutschlands macht. Verfügbar unter: http://c3.co/blog/oeffentlichkeitsarbeit-fuer-das-digitale-zeitalter-was-den-porsche-newsroom-zum-besten-online-newsroom-deutschlands-macht/, abgerufen am 05.07.2015.
Meyer-Gossner, M. (2014). Study: Why corporate newsrooms fail to meet journalists' needs. Verfügbar unter http://www.thestrategyweb.com/study-why-corporate-newsrooms-fail-to-meet-journalists-needs, abgerufen am 08.07.2015.
News aktuell (2013). Social Media Trendmonitor 2013. Verfügbar unter http://www.newsaktuell.de/pdf/social_media_trendmonitor_2013.pdf, abgerufen am 05.07.2015.
News aktuell (2014). Recherche 2014. Verfügbar unter www.newsaktuell.de/pdf/recherche_2014_rohdaten.pdf, abgerufen am 05.07.2015.
Working, R. (2014). Corporate newsrooms fail to provide what journalists want, study finds. Verfügbar unter http://www.prdaily.com/Main/Articles/Corporate_newsrooms_fail_to_provide_what_journalis_15998.aspx, abgerufen am 08.07.2015.

Die Autorinnen und Autoren

Simon Albers, M.A., geboren 1988, hat sein PR-Volontariat bei der *mediamoss GmbH* absolviert und in diesem Rahmen mehrere Newsroom-Projekte begleitet. Er ist gelernter Grafikgestalter und hat Journalismus und Unternehmenskommunikation studiert. Für seine Bachelor-Thesis wurde er mit dem Wissenschaftspreis der BiTS-Hochschule in Iserlohn ausgezeichnet. Seine Masterarbeit im Studiengang Public Relations & Corporate Communication hat er im Sommer 2015 verfasst.

Kontakt: simon.albers@mediamoss.com

Josef Arweck, Dr. phil., geboren 1977, ist seit 2015 Leiter der weltweiten Unternehmenskommunikation der *Porsche AG* in Stuttgart-Zuffenhausen. Zuvor war der gelernte Journalist und promovierte Politikwissenschaftler von 2002 bis 2008 Pressesprecher bei *McKinsey & Company*, von 2008 bis 2011 in der Presseabteilung und Finanzkommunikation der *Porsche Automobil Holding SE* sowie von 2011 bis 2015 als Leiter Interne Kommunikation bei der *Porsche AG* tätig. Bereits seit den neunziger Jahren beschäftigt er sich mit den Veränderungen in der Medien- und Kommunikationsbranche. Sein Schwerpunkt liegt auf Online-Kommunikation, digitalem Content-Marketing, Medienarbeit und Storytelling. Er lehrt seine Kernthemen an Hochschulen sowie an privaten Bildungseinrichtungen. Zudem veröffentlicht er regelmäßig in Fachpublikationen.

Kontakt: josef.arweck@porsche.de

Lara Behrens, M.A., geboren 1988, ist Team- und Projektleiterin bei der *mediamoss GmbH*. Sie hat bereits mehrere Newsroom-Projekte begleitet. Lara Behrens hat Public Relations & Corporate Communication an der BiTS-Hochschule studiert und ein PR-Volontariat absolviert. In den Abschlussarbeiten zu ihrem Bachelor- und Masterstudium hat sie zum Newsroom-Prinzip geforscht. Nach Stationen im Ausland hat sie als Wissenschaftliche Mitarbeiterin die crossmediale Lehrredaktion an der BiTS-Hochschule in Iserlohn geleitet. Seit 2012 arbeitet sie bei *mediamoss*.

Kontakt: lara.behrens@mediamoss.com

Christian Buggisch, M.A., geboren 1972, ist Leiter Corporate Publishing bei *DATEV*, einem der größten deutschen Software-Häuser und IT-Dienstleister. Nach dem Studium der Germanistik, Geschichte und Kunstgeschichte in Erlangen und Rom war er zunächst als Lektor in einem Stuttgarter Verlag tätig, bevor er das Medium wechselte und als Online-Redakteur bei *DATEV* in Nürnberg arbeitete. Seit 2007 zeichnet er für die Internet-Aktivitäten von *DATEV* verantwortlich, seit 2012 darüber hinaus für das gesamte Corporate Publishing von *DATEV*.

Kontakt: christian.buggisch@datev.de

Katharina Ellmayer, B.A., geboren 1988, ist gelernte Journalistin und PR-Referentin in der Unternehmenskommunikation der *Porsche AG*. Beim Stuttgarter Sportwagenhersteller ist sie als Redakteurin sowohl für interne als auch externe Kanäle verantwortlich. Neben tagesaktuellen Beiträgen für das Intranet, die Mitarbeiterzeitung und das Mitarbeiterfernsehen verfasst und koordiniert sie Artikel für den Porsche Newsroom.

Kontakt: katharina.ellmayer@porsche.de

Peter Kespohl, Dipl. Ing., geboren 1962, arbeitet seit 1986 für die *Deutsche Telekom*, zunächst als Vertriebsingenieur in Freiburg, später in der Presse- und Öffentlichkeitsarbeit in Kiel. Seit 2000 ist er in der Unternehmenskommunikation in Bonn als Pressesprecher unter anderem für die HR-Themengebiete Personalumbau, Tarifpolitik, Diversity und Klimaschutz verantwortlich. Kespohl studierte Nachrichtentechnik an der FH Dieburg.

Kontakt: peter.kespohl@telekom.de

Autorinnen und Autoren

Tobias Merklinghaus, M.A., geboren 1984, hat als Wissenschaftlicher Mitarbeiter im Studiengang Public Relations & Corporate Communication an der BiTS-Hochschule in Iserlohn gearbeitet. Seine Master-Thesis trägt den Titel „Kanalmix in der internen Kommunikation am Beispiel der Deutschen Telekom AG".
Kontakt: tobias.merklinghaus@gmail.com

Christoph Moss, Prof. Dr., geboren 1967, ist Dekan für Medien und Kommunikation an der BiTS-Hochschule in Iserlohn und leitet das Mediainstitut für Marketing und Kommunikationsforschung. Zuvor arbeitete er bei der *Deutschen Bank* sowie bei Sendern und Zeitungen in Düsseldorf, Passau, Dresden, Dortmund, Brüssel und Paris. Er war Deskchef im *Handelsblatt-Newsroom* und leitete die Georg-von-Holtzbrinckschule für Wirtschaftsjournalisten. Nach seinem Studium der Betriebswirtschaftslehre an der Universität Passau promovierte er an der TU Dortmund zum Thema „Die Organisation der Zeitungsredaktion". Neben seiner wissenschaftlichen Arbeit ist er geschäftsführender Gesellschafter des Beratungsunternehmens *mediamoss GmbH*. Dort hat er bereits eine Reihe von Newsroom-Projekten für Unternehmen betreut.
Kontakt: christoph.moss@mediamoss.com

Dominik Ruisinger, Dipl.-Pol., geboren 1965, ist gelernter Journalist und ausgebildeter PR-Berater. Seit den neunziger Jahren beschäftigt er sich mit den Veränderungen in der Medien- und Kommunikationsbranche mit Fokus auf Online Kommunikation, Digitales Marketing, Medienarbeit und Storytelling. Als Berater für Strategische und Digitale Kommunikation gibt er heute sein Wissen in Form von Coachings, Workshops sowie in Fachbüchern weiter. Der mehrfache Buchautor lehrt seine Kernthemen an Hochschulen sowie an privaten Ausbildungseinrichtungen. Zudem publiziert er regelmäßig in Fachbüchern, Fachzeitschriften und Blogs.
Kontakt: druisinger@gmail.com

Mona Sadrowski, M.A., geboren 1989, schloss 2015 ihren Master der Unternehmenskommunikation an der Johannes Gutenberg-Universität Mainz mit einer Abschlussarbeit über das Newsroom-Konzept ab. Im Rahmen von Praktika konnte sie auf Agentur- und Unternehmensseite Erfahrungen mit der Arbeit entsprechend dieser Organisationsform sammeln. Bereits während des Bachelors der Kommunikationswissenschaft an der Westfälischen Wilhelms-Universität Münster interessierte sie sich vor allem für die Organisation von Kommunikationsabteilungen sowie die strategische Kommunikationsplanung. Dieses Interesse setzte sich über den Master und die praktische Kommunikationsarbeit bis heute fort.

Kontakt: mona.sadrowski@gmail.com

Niklas Stog, M.Sc, geboren 1983, ist Director für Data-Driven Marketing bei der Unternehmensberatung *trommsdorff + drüner* in Berlin. Nach seinem Bachelor Studium in Business Communication mit Stationen in Dortmund, Melbourne und Paris begann er seine berufliche Laufbahn in der Strategie- und Planungsabteilung der Kommunikationsberatung *fischerAppelt*. Nach abgeschlossenem Volontariat erwarb er an der London School of Economics einen Forschungs-Master (MSc Research) in Medien- und Kommunikationswissenschaften. 2011 wechselte er zu *trommsdorff + drüner*, wo er Konzerne wie *Coca-Cola* und *Volkswagen* an der Schnittstelle zwischen Marketing, Technologie und Datenanalyse berät.

Kontakt: niklas.stog@td-berlin.com

Printed in Poland
by Amazon Fulfillment
Poland Sp. z o.o., Wrocław